保育は〈計画〉できるのか

「小川博久・佐伯胖論争」再読

吉田直哉
安部高太朗

序　論

　日本の保育学には、〈論争〉が乏しい。その理由は、保育学が、戦後誕生した若い学問であって、〈論争〉が生起しうるだけの共通基盤の醸成に成功していないということだけではないであろう。保育学における〈論争〉の乏しさは、真摯な〈対話〉への欲求の乏しさの反映ではないか。それは、他者を批判しないことによって、他者から自らが批判されることに予防線を張ろうとしていることの表れなのか。批判されること、あるいは批判することをあらかじめ回避している他者とは、他者と言えるのか。あるいは、他者性を担保しえない〈保育学〉は、アカデミアと自称しうるのか。

　あるいは、〈対話〉の焦点となりうる、鍛え上げられた強靱な語彙が存在していないということ、さらには、保育学の言葉が、多分に規範的な意味を付与されており、それに対する〈批判〉が事実上禁じられているということが〈対話〉の不在を招来しているのか。逆に、こう問い直すこともできるかもしれない。なぜ、保育学をめぐって〈対話〉が生じないのか。〈対話〉を恐れる保育学が、〈対話〉である保育を語ることができるのか。保育学における〈論争〉の不在、そしてその背景にある〈対話〉の不在。このことは、ほとんど問題視すらされてこなかった。最大の問題は、〈対話〉の不在という問題が、問題だと認識されてこなかった

1

ことそのものである。

　ただ、保育学においてほとんど知られていないが、保育学において、〈論争〉が絶無であったというわけではない。その希有な例が、本書が注目する、幼児教育学者小川博久と、認知心理学者佐伯胖の間で闘わされた論争である。本論争は、表面的には、保育の「計画」が可能か否か、「計画」が、子どもの未来の「予想」に基づいて作られうるかをめぐって、保育者の専門性に対する認識を介して闘われている。保育の事前計画は、ナショナルカリキュラムである幼稚園教育要領・保育所保育指針等において、その編成がいわば義務として規定されていることもあり、保育計画を作ることそれ自体は、既に保育者にとっては疑いを差しはさむことの許されない行為であると言える。つまり、現在の保育学、のみならずそれに依拠する保育実践においても、保育の事前計画を作成することが可能か否か、さらには計画の前提として、子どもの将来の「予想」は可能か否かという問いは、既に提出されることを拒まれているのである。

　本論争で取りあげられたテーマは、小川の門下生にも、佐伯の門下生にも、議論の俎上に上げられることはなく今日を迎えている。それはあたかも、〈論争〉が闘われた事実そのものを封印し、抑圧したかのような、不可思議な沈黙である。あるいはそれは忘却であるのか。〈論争〉を容易に忘却してしまう、保育学の言説の磁場というのは、どのようなものなのか。そのような言説的磁場の構成を明らかにしようと努力する者の登場を阻むのは、どのような力学な

のか。

　ここで、本論に先立って論争の当事者二人のプロフィールを簡単に確認しておこう。

　小川博久は、1936年東京に生まれ、1959年に早稲田大学教育学部教育学科を卒業する。1968年東京教育大学（現・筑波大学）大学院教育学研究科を単位取得満期退学、1969年北海道教育大学教育学部釧路分校講師に着任、同助教授を経て、1973年東京学芸大学教育学部助教授、同教授を務め、同大を定年退職後、日本女子大学家政学部教授、聖徳大学大学院児童学研究科教授を務めた。2019年に膵臓癌のため病没している。享年83。日本保育学会会長（第6代。2003〜2009年）、文部科学省中央教育審議会初等中等教育分科会専門委員を歴任している。論争の当時、小川は東京学芸大学教授であった。小川は、ジェローム・ブルーナーらが惹起した米国における教授学の刷新に関する研究からキャリアをスタートさせ、東京学芸大学に着任した1970年代より幼児教育学研究を主領域とし、保育者との対話、実践への参与観察など、〈現場〉との徹底した共同研究を重視し続けた。1990年代以降、子どもの「遊び」の伝承性を核とする「遊び保育論」の構築に注力し、子どもの主体性と保育者の指導性を止揚する実践的方法論の探求を生涯にわたって継続した。幼児教育学者で大妻女子大学家政学部教授を務めた小川清美は妻である。小川門下の保育研究者として、神田伸生、児嶋雅典、師岡章、河邉貴子、岩田遵子、高橋健介、高橋貴志、請川滋大、及川留美、吉田龍宏、渡辺桜らがいる。

序論　3

佐伯胖は、1939年岐阜県に生まれ、1964年に慶應義塾大学工学部管理工学科を卒業する。同大学大学院工学研究科管理工学専攻修士課程修了後、ワシントン大学大学院心理学専攻修士課程を経て、1970年同博士課程を修了した。1971年東京理科大学理工学部助教授、1981年東京大学教育学部助教授、東京大学大学院教育学研究科教授を務め、同大を2000年に定年退職、青山学院大学文学部教育学科教授を経て、同社会情報学部教授、田園調布学園大学大学院人間学研究科教授を務めたほか、日本学術会議会員などを歴任した。青山学院大学在職時から今日まで、保育分野に関する活発な発言を続けている。2024年現在、東京大学、青山学院大学名誉教授である。論争の当時、佐伯は東京大学教授であった。佐伯は、東大に着任以降、認知科学と教育学をクロスオーバーさせる越境的な研究に取り組み、本書でも扱う発達・学びの「ドーナッツ論」や、「コビト論」とも言われる擬人的認識論といった独自の記述概念を編み出して、1970年代以降、米国を中心として生起していた、心理学・社会学・文化人類学など人文・社会科学の多領域にまたがった同時多発的な「状況論」的なパラダイムシフトのインパクトを日本にもたらすことに貢献した。社会学者で東京都立大学人文社会学部教授を務めた宮台真司は女婿である。佐伯門下の保育研究者として、岩田恵子、須永美紀、宇田川久美子、三谷大紀、林浩子、髙嶋景子らがいる。

　今、私たちは、なぜこの小川と佐伯の論争を読みなおそうとするのか。それは、〈論争〉に乏しい保育学において、真剣な〈対話〉がかつて交わされた事実をひろく周知して、

そのアクチュアリティを読者と共に再考したいと考えるからである。論争が交わされたのは1990年代中葉であり、それから既に30年の時が流れようとしている。しかし、そこで提示された問題群は、いまだ無効化されてはいない。

　ただ、前もって断っておかねばならないのは、保育の計画をめぐっては、戦後、「保育は計画するべきでない」という主張が提示されたことがあるという事実である。1960年代から70年代に提出された、小児科医であった平井信義による「ノー・カリキュラム論」である。平井の「ノー・カリキュラム論」の背景には、1964年告示の幼稚園教育要領の六領域を、それぞれ小学校の教科と連続的なものとして捉える実践が横行した「幼稚園の小学校化」と言われる状況下で、子どもの「自主性」が損なわれているという危機感があった。保育カリキュラムにおける教育目標の設定が、子どもの「自主性」を抑圧しているため、既存のカリキュラム立案の方法そのものを批判的に捉えようとしたのが平井であった。ただし、そこで批判されたのは、あくまで子どもの発達の状況を無視した教育目標と、それを掲げる週案・日案であって、子どもの活動を軸にした保育案を、保育者自身が創造することには、平井はむしろ賛同していた。しかし、「ノー・カリキュラム」というスローガンの過激さもあって、平井の所論は、当時の文脈においてはまともに議論されることなく風化していった（平井の「ノー・カリキュラム論」は、平井がリードした1990年保育所保育指針の中に、一部反映されているようにも思われるが、そのことの妥当性を問う研究も乏しいままである）。平井の

「ノー・カリキュラム論」において問われていたのは、「子どもにとって保育計画はいかなるものであるべきか」であり、「子どもの発達という観点から不適切な保育計画（カリキュラム）はどのようなものか」という問いであった。つまり、平井における焦点は、「保育は計画するべきか」という、規範的・理念的次元にあったということができる。

それに対して、本論争は、「保育は計画するべきか」という理念的次元ではなく、「保育は計画できるか」というあくまで実践論的次元において展開されているという点で、平井が提起したものとは別の論点の設定がなされている。そして、この点が、本論争の異色さを際立たせている。「保育を計画する」というのは、何を行うことなのか。そして、それは可能なのか。そして、そのことと、保育者の専門性をどう関連づけるか。これらの問いこそが、本論争の核心にある。

本書は、三章からなる。第1章において、「小川・佐伯論争」の問題設定と展開を見る。論争の焦点は、保育実践研究における「理論」の位置価を皮切りに、子どもの未来の「予想」の可否、そして保育「計画」の可否へと遷移していった、論争主題の所在を確かめていく。第2章において、小川による保育者の専門性論を見る。小川にとっての保育者の専門性は、二つのモードから成り、保育者には、そのモードを保育の場の必要性に応じてスイッチングすることが求められる。小川における保育者の二つのモードとは、子どもを「見る」こと、すなわち子どもへのまなざしのモードである。「かかわりの目」、「観察の目」と言われ

る子どもへのまなざしのモードに対する小川の基本的な認識を明らかにする。第3章において、佐伯による保育者の専門性論を取りあげる。佐伯は、従来の子どもの内面に対する統制的な「子ども理解」を求める保育者の態度を批判し、子どもを「見る」という倫理的態度を保育者の実践的専門性の核心に据えた。子どもを「見る」というのは、子どもが絶えず自ら未来へとポジティブに変容していこうとする動因の現れを見てとり、その子どもなりの意味づけを保育者がすくい取り、編み上げようとすることである。

両者の論争は激烈な様相を呈しており、彼らが提示した実践的態度・倫理的姿勢も相違するものではあったが、決して両者は出会い損ねていたのではなく、重要な問題構制を共有していたと考えられる。小川と佐伯は、何ゆえ交錯しなければならなかったのか。その交錯の必然性と、現在にまで残響するその示唆を、読者と共に聴き取りたいと考えている。

論争の当事者である小川も、生前、保育学における論争の低調さを憂えていた。現在も健在である佐伯自身も極めて論争的な思想家でありつづけている。保育実践の基礎を支える基本的な概念についての、両者の濃密な〈対話〉に耳を傾けながら、私たちは、新しい保育をめぐる〈対話〉のトポスの様相を、眺望してみたいと願うのである。

吉田直哉

Contents

序　論 ……………………………………………………………… 1

第1章　「小川・佐伯論争」を読みなおす ……………………… 11
　1．「小川・佐伯論争」は忘却されたか　12
　2．保育研究の方法論をめぐる議論：
　　　「関係論」をめぐって　22
　3．保育者による「計画」をめぐる議論：
　　　「予想」か「資源」か　33
　4．「小川・佐伯論争」のアクチュアリティ　45
　第1章の文献　48

第2章　小川博久の保育者論 …………………………………… 49
　1．小川の根底的主題への関心の不在　50
　2．遊び保育論の前提：
　　　子どもの「集団」を対象とする保育実践　54
　（1）"一人一人を大切にする"という保育理念の
　　　　観念性　54
　（2）保育者の演技的振る舞いによって成立する
　　　　「一人一人とのかかわり」という擬制　57
　3．保育者が子どもを「見る」ことの二つのモード：
　　　遊び保育論における援助的側面／非－援助的側面　60
　（1）「かかわりの目」と「観察の目」　60
　（2）「モノを扱う人間の行為」による遊びの触発　63

4．子どもの集団を「見る」ための保育室の環境　　65

　　（1）　室内遊びのベースとしての「つくる活動」　65

　　（2）　「見る⇄見られる関係」を創出する室内遊びの

　　　　　コーナーの設定　69

　5．空間デザイン論としての保育方法論　74

　第2章の文献　79

第3章　佐伯胖の保育者論 ……………………………… 81

　1．「子ども理解」を超えて　82

　2．子どもを「見る」という態度　89

　　（1）　子どもを「見る」こと、

　　　　　子どもが「見えてくる」こと　89

　　（2）　子どもの内面を解釈することの落とし穴：

　　　　　子どもの心を「説明」することの危険性　92

　3．子どもの「善さ」を「見る」　95

　4．社会的実践としての「文化」の再定義　100

　5．子どもを「見る」ことの共同化へ：

　　　　映像を介した保育カンファレンス論　108

　第3章の文献　115

初出一覧 ……………………………………………………… 117

結　論 ……………………………………………………… 118

謝　辞 ……………………………………………………… 124

著者略歴 ……………………………………………………… 126

第1章

「小川・佐伯論争」を
読みなおす

1．「小川・佐伯論争」は忘却されたか

　本章では、小川・佐伯論争の具体的な展開の過程を追い
かけながら、保育者が行う「予想」と「計画」の関連性に
関して、どのような議論が交わされたのかを明らかにして
いきたい。

　なぜ、保育における「予想」と「計画」を問わなければ
ならないのか。現代日本の保育学において、保育の計画を
策定するに当たって、保育者が保育の対象となる子どもに
対する理解（子どもの内面を読み解くこと）を前提とする
ことは、支配的な立場である。つまり「計画」を立てる段
階に、保育者による子ども理解が前提として含まれており、
子ども（の内面）が適切に理解されさえすれば、適切な計
画が立てられると考えられている。逆にいえば、適切な計
画の前提あるいは基礎には、適切な子ども理解が必須だと
考えられている。ただ、ここで注意しておきたいのは、「子
ども理解」といったときの理解の対象が、子どもの「何」
であるのかについては、明確に言及されていないというこ
とである。子どもの「発達」の理解、子どもの「心情」「感
情」の理解、子どもの「興味」「関心」の理解、子どもの
「生活」の理解、子どもの生育環境の理解。理解の対象は、
保育者が向き合う子どもの姿の多角性・多元性に即して、
複数的でありうる。理解の対象の違いは、理解のための方
法論、あるいはアプローチの違いを生むはずである。しか
し、子どもを理解するための方法論が、複数提示されてい
るのかといえば、現状はそうなっていない。それは、子ど
もを「理解」するということがどういうことなのか、理解

12

論を提示している論者（保育研究者）であっても、明確には自覚していないからである。

　さて、そもそも、子どもを「理解」すれば、適切な保育を実践するための計画が立案できるというテーゼは、妥当なものなのだろうか。このテーゼが妥当であるためには、第一に、子どもの「理解」が可能であり、かつその「理解」の方法論が言語化されて伝達・共有可能であるということ、第二に、子どもの「理解」に基づいて、保育実践を事前に「計画」することが可能であるということ、第三に、その方法論が言語化されて伝達・共有可能であるということ、という三つの条件が満たされなければならない。しかし、これら三つの条件が満たされているか否かについての原理的な検討が、十分になされてきたと言えるのだろうか。

　子どもの「理解」に基づいて、保育の「計画」を立案するというとき、子どもの「理解」には、現在までの子どもの何ごとかについての「理解」と同時に、現在以降、つまり未来へ向けた子どもの方向性、あるいは変化についての「理解」を含むはずである。というのも、「計画」というのは、常に未来へ向けた、未到来の何ごとかについてのプロジェクト（投企）であるはずだからである。つまり、子どもの「理解」と「計画」を不可分のものとして捉えるということは、子どもの「理解」の中に、子どもの未来への「予想」を取り込み、その「予想」に基づいて「計画」を作成するというプロセスを必然的に生じさせることになる。

　未来の子どもへの「予想」としての理解を前提にした保育計画の立案という発想は、「PDCA サイクル」を翻案し

第1章　「小川・佐伯論争」を読みなおす　13

た「計画・実行・評価・改善」モデルに保育を当てはめる
ことで、保育の「評価」の対象を、「実行」と「計画」との
間のズレに限定させてしまう恐れがある。というのも、「予
想」に基づいて「計画」が作成され、それに基づいて「実
行」が行われるのだから、それに後続する「評価」は、「予
想に基づいた計画」と「実行」を対照させ、両者の相違点、
ズレの所在を明らかにし、そのズレを極小化するための方
略を発案することだということになろう。ここには、子ど
もの「予想としての理解」が精緻化されればされるほど、
計画は緻密なものとなり、計画と、実行段階（保育実践の
場で見られる子どもの姿）とのズレは縮減するはずだとい
う発想が生じているのである。「予想としての理解」に基づ
いた「予想としての計画」という発想に立てば、「予想を外
せば、計画通り保育はできず、それは保育の失敗を意味す
る」という発想が出てくるのは当然である。

　ここで、全く問われることがないのは、子どもを理解す
るとはどういうことなのか、子どもを理解することはそも
そも可能なのか、という「子ども理解」をめぐる原理的問
いであり、保育の計画を「予想」に基づいて立案するとい
うことは何を行うことなのか、そして、保育の展開や子ど
もの未来を「予想」することはそもそも可能なのか、とい
う保育の計画の前提としての「予想」をめぐる原理的問い
である。

　既存の保育計画（保育カリキュラム）論においては、子
どもを理解することが、即座に保育の計画（あるいは保育
の方法論）を生み出すかという問いについて考察が深めら

れることのないまま、子どもを理解することと保育の計画が作られることが同一視されてしまっている。保育者の専門性を、「子ども理解」の能力・資質に還元してしまうような乱暴な議論も散見されるが、「子ども理解こそが保育者の専門性である」という主張の背景には、「子どもを理解しさえすれば、子どもの未来が予想でき、その予想に基づいて保育の計画を立てることができ、その計画は予想通りに実行されるはずである」という暗黙の常識が潜んでいる。この暗黙の常識を疑おうとした論者は、管見の限り、本書が取りあげる小川博久と佐伯胖の両名のみである。

　以上に述べた、保育者の「予想」が子ども理解へと塗り込められることの危険性を踏まえるなら、保育者の「予想」と子ども理解を別個に論じなければならない。言いかえれば、現在までの子どもに対する理解ではなくて、子どもの未来の姿を視野に収めるべき保育者の予想は、保育者が保育の計画を立てるうえでいかなる意味を持つのかが問われなければならない。本章で着目する、小川・佐伯論争における争点の一つは、まさしく、保育者が、子どもの行動や保育実践の進み行きに対して行う「予想」とはどのようなことなのかを問うものであった。

　繰り返すが、今日、保育実践において、保育者が子どもの行動を理解し、予想を立てて（計画性のある形で）子どもへの援助を行うことは常識的だとされている。例えば、2017 年改訂幼稚園教育要領は「教師は、幼児の主体的な活動が確保されるよう一人一人の行動の理解と予想に基づき、計画的に環境を構成しなければならない」とし、子ど

もの発達が望ましい方向性に向かうような保育実践を行う
ためには「幼児が必要な体験を積み重ねていくことができ
るように、発達の道筋を見通して、教育的に価値のある環
境を計画的に構成していかなければならない」とする（文
部科学省編 2018：41 傍点引用者）。このような計画性は、
子どもを理解することにより実現可能となるとされ、子ど
もの興味関心の変化に即して、再検討され続けるべきもの
だとされている（文部科学省編 2018：42f.）。

　現在の保育学における「計画」は、いわゆる「PDCA サ
イクル」をモデルにして語られている。例えば、磯部裕子
は、保育は子どもが主体でありながら保育者が事前に計画
を立てるという点に、保育における計画の難点を見出して
いる。その「難点」に対処するための大前提として、「い
まここの子ども理解」を計画の出発点とする。出発点とし
ての「子ども理解」は、個々の子どもの「個別の発達の今
を理解し、何が適切な援助であるのか、どのような体験が
必要なのか、その検討と選択」である（磯部 2016：259）。
こうした現在における「子ども理解」をベースにしながら、
各園で編成するように求められている教育課程や保育の全
体的な計画に基づき、長期の指導計画及び短期の指導計画
が作成され、日々の保育が実践される。磯部は、保育の計
画について「実践と記録による省察によって見直され、新し
い計画が生成されるという循環する構造」であり、「計画（P =
Plan）、実践（D = do）、反省・評価（C = Check）、改善
（A = Action）」の「PDCA の循環」で示すことができると
いう（磯部 2016：271）。つまり、PDCA の各段階を循環さ

せることが保育の実践過程そのものだと考えられているのであり、保育における計画は、実践を経て常に改善が図られるべき具体的な予想として捉えられている。このような円環的モデルにおいては、「子ども理解」は、計画に先立つものでありながら、反省・評価にも組み込まれることになる。

　上記のような保育の計画観は既に広く普及している。保育士養成課程の標準的な内容を示すテキストにおいても、同様の計画観が示されている。例えば、全国保育士養成協議会が刊行する標準的なテキストにおいては、「保育者が日々の保育のなかで計画と評価のサイクルを意識し続けることによって、保育実践の質が向上していく」とされ、「事前に指導計画を立てて、日々の保育を行っているが、そのなかで、子どもの遊びのようすなどから子どもの心情や意欲などを理解し、それを含めて自らの保育実践（指導の過程）を自己評価していく。その自己評価を行うことをとおして、次の方向性や改善の手立てを検討し、次の指導計画に生かしていく」というサイクルを回し続けることが保育実践の質向上に欠かせないとしている（『最新保育士養成講座』総括編纂委員会編 2019：162）。つまり、保育士や幼稚園教諭の養成の段階から、保育は理解をベースに計画が立てられて実践され、それを改善するという「PDCAサイクル」という形で実行されるものだという認識が再生産されているのである。

　以上に見た、現在の保育学言説における「計画」及びそれに付随する「省察」や「評価」の捉え方は、幼稚園教育

要領・保育所保育指針等のナショナルカリキュラムと、その普及を目指す保育士養成課程の科目を介して、既に多くの保育実践を規定する規範となっている。現状においては、子どもを理解し、その理解を元にして計画を立て、それに即して保育実践を行う、という一連のプロセスの正しさは疑いようのない前提になっている。

しかしながら、〈子ども理解→計画の立案→実践→評価〉という流れが、仮に保育の実践にあたって必須のものであるべきだとしても、それを実行しようとするとき、なお避けては通れない問題がある。それは、「理解」や「計画」がなぜ必須なのか、そして「理解」や「計画」はそもそも可能なのか、さらに、もし可能だとしたならば、「理解」や「計画」は、どのようになされうるのか、という諸問題である。このような諸問題は、保育実践においては、日々迫り来る実践の重さに目を奪われ、必ずしも真剣に問われてこなかったように思われる。同様に、保育研究においても、そのような問いが真剣に議論されることは稀少であった。

こうした「子ども理解」や「計画」といったような、保育実践を支える核心的な行為の意味や方法を、原理的に問い直そうとする試みが、20年以上前に展開されたある論争の中でなされていたことを知る者は、保育研究者の中にも決して多くはないであろう。それが本章で着目する小川博久と佐伯胖との間で交わされた論争である（以下では、「小川・佐伯論争」、あるいは「本論争」と言う）。小川・佐伯論争においては、保育研究の方法論、保育実践における「計画」の位置づけをめぐって活発な議論が展開された。そこ

で提示された諸問題は、現在において当然視、あるいは自明視されている保育実践観を覆すようなポテンシャルを有していることを、明らかにしていきたい。

現在まで、小川・佐伯論争について言及した先行研究は管見の限りなく、小川、佐伯それぞれの影響下にある保育研究者の論考においても、両者の議論を重ね合わせて検討したものは存在していない。例えば、小川の影響を受けた保育研究者の一人である河邉貴子も、保育における「計画」については、指導計画には、①一人一人の行動理解と予測があるか、②それを踏まえた計画的な環境構成が書かれているか、③物的空間的環境を有効に保育者が構成しているか、という三つの視点が盛り込まれるべきだと論じているに止まっている（河邉 2009：175）。河邉においては、子どもの理解を前提に計画的に構成される対象は「環境」であり、環境をいかに構成するかという点に計画が落とし込まれている。

佐伯の影響を受けた保育研究者の一人、三谷大紀は、保育者の専門性について述べる中で、「子どもの育ちを支え、援助するということは、巧みなテクニックでもって、自分が用意した計画や活動に子どもをのせることではない」とし、「一人ひとりの子どもが、いま、どんなことに興味を持ち、楽しんでいるか、どんなことに挑戦しようとしているか、どんな壁にぶつかっているかなど、子どもたちの内面理解から始まる」としている（三谷 2018：151）。三谷は、保育の計画よりもそれに先立つ「子どもの内面理解」を重視しており、そうした理解がなされることを保育者の「見

えにくい専門性」と呼び、知識や技術的な「見えやすい専門性」を支える構造にあるという。三谷においても、保育の計画は、子どもの理解がなされさえすれば、自ずから成立してくるものとして位置づけられており、「計画」とは何か、「計画」立案の方法について明示的には論じられてはいない。以上のように、小川、佐伯それぞれの影響下にあった保育研究者においてさえ、小川・佐伯論争で両者が議論のテーマとした保育の「計画」の重要性は十分に論じられてきてはいないのである。

　既述の通り、本論争では、保育の「計画」の位置づけをめぐって激しい論戦が交えられているが、そこで展開された議論の前提は、現在の保育において支配的な言説である、〈子どもの理解に基づき、計画を立て、実践し、評価し、改善する〉という「PDCA サイクル」に基づく「計画」とは一線を画すものである。というのも、それが、保育の「計画」を立てるということそのものの意味を問い直そうとするものであったからだ。現在において小川と佐伯の論争を読み直すことによって、本章では、「PDCA サイクル」を回すことがあたかも保育実践の質を高める唯一の方策であり、「PDCA サイクル」こそが保育実践の展開の本質であるかのように語られる保育言説が支配的となっている現状に一石を投じたい。それによって私たちは、小川と佐伯の二人を導き手としつつ、そもそも保育者にとって保育するということはいかなる行為であるのかという根源的な思索へと、誘われることになるだろう。

　小川・佐伯論争とは、1996 年から翌年にかけて、往復二

20

回にわたって展開された『保育の実践と研究』誌上における論争である（本章では便宜上、小川、佐伯のそれぞれの論文を、発表順に「小川第一論文」「佐伯第一論文」「小川第二論文」「佐伯第二論文」と呼称する）。本論争の舞台となったのは、1996年にスペース新社保育研究室から刊行が開始された雑誌『保育の実践と研究』（2017年廃刊）であった。本誌は、保育研究者と保育実践者たちによる論文と実践記録、シンポジウムの記録等を掲載した学術ジャーナルであった。この雑誌は、1980〜1996年に刊行された保育研究雑誌『保育研究』（相川書房・建帛社）の後継誌としての性格を有しており、発達心理学のパラダイムシフトや質的心理学の方法論を積極的に受容するだけでなく、研究者と実践者が協働して実践研究に取り組むスタイルを発展・普及させていく役割を担っていた。

　本論争は、小川に対する佐伯からの反論である佐伯第一論文以降は、理論的検討だけでなく、相互の学問的姿勢や研究者倫理、あるいは互いの人格を攻撃するような激しい文言が散見されるようになり、最終的に、編集部（当時の中心的メンバーを構成していたのは、論文審査委員を務めていた大場幸夫、小川博久、森上史朗の3名）側から「論争はこれで終結したいという意向」が示されたことで、佐伯自身もまた、「論争がこれ以上続くことは不毛であり、保育研究の在り方をめぐる根本問題よりも別の話にこじれる可能性が高い」とし、読者の「辟易」を懸念すると述べたうえで、「明日への実践への明るい展望につながらない議論」と自ら否定的に語り、論争を打ち切った（それに対し

て小川もリアクションをしなかったため、論争は総括され
ることなく中断した）。それゆえ、小川・佐伯論争は、その
理論的展開、およびその実践論・方法論への発展のポテン
シャルを十分発揮することなく、突然の終焉を迎えたかに
見える。

　しかし、本章で見ていくように、小川・佐伯論争の中に
は、研究方法論、保育方法論、保育者の専門性論、保育計
画論など、保育研究において、今日においても重要と見な
されるトピックがコンステレーション（星座）を成すよう
に散りばめられている。激越な文言に尻込みし、「保育研究
の分野での論争なき退嬰性」（小川 1996b：40）に私たち自
身が陥ることなく、本論争を読み直すことを通して、そこ
で展開された議論の先端性ならびにアクチュアリティを浮
き彫りにすることに挑んでみたい。

2．保育研究の方法論をめぐる議論：「関係論」をめぐって

　小川・佐伯論争は、小川第一論文による、保育研究の方
法論としての「関係論的視点」に対する批判から開始され
た。「関係論的視点」とは、子どもを対象として自分から
切り離して客観的に見ようとする立場を否定し、保育者が
「子どもの目の側」に立ち、子どもとの間に生じる「間主観
性」を重視する保育研究のアプローチである（小川 1996a：
30）。小川は、実践研究の方法論として「関係論的視点」が
頻繁に取り入れられる一方、その意味するところが多義的
であって、捉えどころがないことを指摘する。さらに、「関
係論的視点」、およびそれに立つ保育方法論としての「関係

論的アプローチ」が、自然科学をモデルにした従来の客観的な子ども観察を乗り越えようとするあまり、本来は対概念であるはずの「子ども」と「大人」のそれぞれを自存的・実体的な概念として別個に捉えてしまい、観察対象となる「子ども」の視点に、観察者たる「大人」が立つことの重要性を強調して、「子どもの視点」に立ちさえすれば望ましい保育実践が実現しうるとされていることを批判した。

　小川が懸念していることは、「関係論」を「一般化すればする程、実際の実践からは遊離してしまう」ということである（小川 1996a：29）。つまり、関係論が理念としては成立するが、それを実践論として翻案する努力がなされていないこと、あるいは実践論への翻案が不可能であることを問題視している。小川の見るところ、「関係論的視点」はすぐれて「理論問題」であり、即座に「実践上の問題ではない」ということが見落とされているのである。つまり、そこにおいては「研究」の方法論と「実践」の方法論が区別されていない。小川にとって「関係論」とは、実践を導く方法論ではなく、あくまで保育に対する「見方」を検討する際の「メタ理論」である（小川 1996a：32）。「関係論的視点」は「自らの保育についての既成観念を見直すきっかけ」にはなるかもしれないが、保育を見直したからといって、即座に保育実践のあり方が変わるわけではない。小川によれば「見方の変更が保育という身体的行為に伴う慣習性を打ち破ることを常に保障するわけではない」のである（小川 1996a：32）。保育実践は、身体的レベルでの「慣習性」の上に成り立っているのであり、その実態を無視して

は、あらゆる「理論」は、実践上の価値をもたない空虚な
ものに成り下がってしまう。

　小川が指摘していることは、関係論においては「子ども
中心主義」がアプリオリには成立しないということである。
小川は、「関係論的アプローチ」を主張する代表的論者とし
て、幼児教育学者森上史朗を挙げ、森上が「子どもの目の
側に立つ」ことと「大人の視点に立つ」ことを「二極対立
のように実体論的に語る」ことには問題があるという。そ
れは、「大人」と「子ども」という対概念が、「一方がなけ
れば他方もない」という「関係論的」概念であるにもかか
わらず、そのような相対性、相互依存性を看過しているか
らである。そして、あたかも「子ども」という存在がアプ
リオリに実在しており、「大人」は、自らが大人であるこ
とを容易に脱却して、「子ども」の視点に立つことが可能
であるかのように捉えられている（小川 1996a：30）。大人
と子どもという概念が、大人にとっての子ども、子どもに
とっての大人というように、相互の関係性の中で相対的に
生じてくるものであれば、大人と子どもを対立的に捉えた
上で、子どもの側に大人が立つことが可能であり、そうす
べきだという「子ども中心主義」を前提として大上段に掲
げることはできないはずである。

　確かに、「関係論的視点」を導入して、大人である自分が
向き合っている子どもの側にあえて立とうとすることで、
自分や他者の保育についての「見方」が変容することはあ
るかもしれない。しかし、保育者にとっての「見方」が変
わることは、必ずしも「保育の働きかけの変更を生み出す

とは限らない」（小川 1996a：32）。なぜなら、保育は「身体的行為に伴う慣習性」に支えられているために、「見方」が変わったからといって、その「慣習性」が容易く変化するわけではないからである。

　小川は、森上が言う「関係論的視点」が曖昧な概念であることを指摘しつつも、それが「二人称的アプローチ」であり、「保育者や仲間との関係性の中で個を捉えるということ」だという特徴を有しているという。森上のいう「二人称的アプローチ」とは、自然科学的な観察手法において取られる、客観的事実に基づいて対象を捉える「三人称的アプローチ」と対照的に、「ほかならぬ私とあなた」という関係で、「心を通わせ合い、分かり合う関係として接していこうとする姿勢」である（森上 1999：3）。森上は、二人称的アプローチが「一人ひとりを理解し、その理解の上に立って、かかわりをもつ」ものであり、カウンセリングや心理療法で活用されているとしながら、保育においては二人称的アプローチによる子どもとの向き合い方が異なると言う。というのは、「集団保育の場では、対象となる"一人ひとり"は、孤立している個ではなく、保育者や仲間と関係性を持っている個だから」であり、「保育者がその子をどう見ているか、その子にどうかかわっているかとか、他の子どもたちが、その子をどう見て、どうかかわっているかというような関係性のなかで、その子供の能力や特性は形成されているから」である（森上 1999：3）。森上は、1989年の幼稚園教育要領改訂時に、子ども中心主義の保育観（環境を通した保育、遊びを通じて学ぶ等々）を形成し

た中心人物と見なされている（小倉 2013：14）。子どもを
理解することをベースに保育は展開されるべきであり、そ
れゆえに子どもを見ること、子どもの内面を推測し、解釈
した後に保育が行われるべきだという見方は、森上に由来
するものである。

　森上の二人称的アプローチで前提になっているモデルが
カウンセリングや心理療法におけるものであって、「対象と
なる“一人ひとり”」と強調していることから推察されるの
は、森上における二人称的アプローチの根本モデルは〈保
育者と子ども〉の一対一の関係であって、森上自身も指摘
しているような、子どもが「保育者や仲間と関係性を持っ
ている」という実態を捉え切れていないのではないかとい
うことである。小川の批判は、まさにここに向けられる。

　小川は、森上が「二人称アプローチと、仲間との関係性
の中で個を理解するということがどうかかわるのか方法論
的に明らか」にしていないということに不満を示す（小川
1996b：41）。つまり、「関係論的視点」が「比喩的」表現以
上のものなのかということ、つまり、保育者が具体的に子
どもを理解する際、その視点をどのように活用するのかが
明らかではないというのである。小川は「森上を批判した
かったのは、森上が研究におけるメタ思考の重要性を指摘
しているにもかかわらず、自らの言説においてそのことを
実践しえていないと思うからであった」と述べている（小
川 1996b：44）。例えば、「関係論的視点」に立つ子どもへ
の姿勢として、のちに佐伯胖が挙げる「子どもの目の側に
立つ」「子どもの行為を面白がって見る」という言明につ

いても、「現実の保育を分析し、その出来事に対応してその言説を翻訳できるような言明」ではなく、それゆえ空虚な「保育スローガン」にとどまらざるをえない。「スローガン」とは、「現場の保育者に思考を促すようには働かず、現場の保育者に啓蒙的に警告をしたり、時に恫喝するようにしか働かない」と小川が見なす、高圧的で非対話的な言辞である（小川 1996b：44）。つまり、そこで言われていることは、「現場で子どもたちとかかわり合っている保育者にとって、具体的にどういう関係や態度をとることか」を示さない「比喩表現」にすぎない。つまり、後述の佐伯の言葉でいえば、保育者にとっての資源（リソース）になりえないと小川は言うのである。

　小川にとっての「保育研究」は、「比喩表現」や「スローガン」という心情的・理念的な語彙によってなされるものではない。保育研究は「保育者の行動や思考のプロセスとの具体的ディスコースの中で保育者の援助の在り方を常に軌道修正することにかかわるべき」なのである（小川 1996b：52）。つまり、保育者の行動と思考の変容可能性を高める言説をこそ、保育研究は産みだしていくべきだというのである。

　小川第一論文が、こうした理念的なレベルに留まる「関係論的視点」の典拠として挙げられていると見なしているのは教育学者佐藤学である。佐藤は、教室の中において子どもに向き合う教師が、「意図」「計画」「予測」に呪縛されがちであるため、そこから外れた「周縁」で生起する出来事を見おとすという（小川 1996a：34）。つまり、佐藤は、

第1章　「小川・佐伯論争」を読みなおす　27

教師側の「意図」「計画」「予測」が、子どもとの「関係」を見ることの妨害になるとしているのである。なお、小川は「予測」とほとんど同義で「予想」を用いており、両者を明確に区別していない。

　ところが、小川によれば、教師（あるいは保育者）の実践にとって「意図」「計画」「予測」は必須の前提なのであり、それを「呪縛」だと言って否定し去ることは「非現実的」である。それらを無視し去るのではなく、それらが「柔軟」な「仮説」として教師や保育者に抱かれる方法を議論することの方が重要なのである。「仮説」としての「予測」は、当然のことながら外れることがある。小川は「日常の保育実践それ自体を省察すれば、自分の予測に反すること（ずれ）も常につきまとうのである。しかし同時に予測に合った事実も現れるのである。だからこそずれなのである。したがってこのずれの意識化こそ、自分の実践を省察する契機になりうる」と述べる（小川 1996a：35）。「仮説」を予め有しているからこそ、「仮説」と子どもの行為や自らの教育実践との「ずれ」を意識化できるのであり、「仮説」がなければ、「ずれ」の意識化そのものが不可能となり、そのことは教師・保育者による自らの実践への「省察」が不可能になることをも意味する。

　小川によれば、「意図」「計画」「予測」が先行するからこそ、「省察」によって実践の「意味」を読み取ることができるのであって、教師（または保育者）が、全くの虚心で実践に向き合ったとしたならば、実践は全くの混沌にしか見えてこず、そこから「意味」を抽出することなど不可能

なのである。「意図」「計画」「予測」が成り立つためには、教師・保育者の側に「慣習性」が成立していなければならない。というのも、「ズレは日常性の中での慣習性が破られるところ」に生起するからである。小川は「予測や予見は常に裏切られる可能性を含んでいる。だからこそ『裂け目』やずれが生ずるのである。しかし他面において予測や予見が的中するからこそ教育活動は成立していく」と述べる（小川 1996b：46）。「予測や予見」は、保育実践を意図的な営みとして成立させるための必須の作業であり、同時に、実践が意図したようにうまくいかなかったという事態が意識化されるための前提でもある。いわば、小川においては「予測や予見」は、〈図〉としての「ずれ」を意識化させるための〈地〉なのである。小川にとっては、〈地〉あってこその〈図〉なのであり、地なき図は混沌である。〈図〉を支える〈地〉であるところの「日常性を無視」して、「『予期せぬ出来事』の重要性のみを強調」している佐伯は、「保育実践における日常的な仕事や慣習性の重みを十分に把握していない」のである（小川 1996b：46）。「ズレから学ぶなどというせりふは予想と予想外とのズレ方を問題にしないではそう安易にいえることではないのである。そしてそれにはどう予想（測）したか（計画）と、起こったこととをつき合わせることで何がどうずれたか、どこがどうずれなかったかなどの吟味が必要」だと述べる小川にとって、「予測を否定するような『計画』ではズレの判定はできない」のである（小川 1996b：47）。後続する佐伯との議論でも焦点化される「ズレ」というキーワードであるが、小川がズ

第1章 「小川・佐伯論争」を読みなおす　29

レと言っているのは、計画、意識的、意図的予測からの実践のズレのことなのであった。

　小川第一論文の末尾において、佐伯胖の「ビデオ記録」を使用した保育実践への解釈が批判されている。これが小川・佐伯論争の直接的な口火となる。小川が問題視するのは、「保育者の立場を全く考慮せず、ビデオ記録からの解釈をあたかも権威者の啓示のように保育者に提示」するという佐伯の姿勢である。「カメラ」による実践の切り取り方が既に、撮影者の「主観性」を反映しているのであり、その「主観性」がいかなるものなのかを「自覚」することが、小川にとっての「関係論的アプローチ」に他ならない。つまり、「主観性」が、当事者のそれぞれによって多元的に折り重なり合っているということに気づくことこそが、保育実践への解釈の「関係論」化だと小川は言うのである（小川1996a：37）。しかしながら、主観的に切り取られたはずのビデオ記録を素材として、それに対して権威者が自らの解釈を提示してしまったとすれば、保育者は萎縮して、自らの解釈を開示することが困難になるだろう。

　小川の第一論文は、直接的には森上や佐藤を批判の対象としており、佐伯のみを批判の対象としたものではなかった。ところが、佐伯が小川のみを批判の対象として反論を発表したため（佐伯第一論文）、それ以降、小川・佐伯間の論争が生起することになる。小川への反論（佐伯第一論文）において、佐伯が試みているのは、自らが立つ研究方法論（あるいは保育実践に対する観察論）としての「関係論的な見方」の特質を明示すること、および、保育実践の

「意味」を抽出する際、「反省」や「計画」がどのように関わってくるのかを検討すること、の二点であった。

　まず、佐伯は、自らが立つとする「関係論的な見方」の特徴として、次の四点を掲げている（佐伯 1996：27ff.）。

①脱中心化（decentering）による意味の脱構築（deconstruction）
②社会的行為の解釈における個体還元主義への批判
③実践の共同体の社会・歴史的構成への配慮
④行為や概念の「状況に埋め込まれた」特性（situatedness）の強調

　①は、「様々なギャップ、行き詰まり（アポリア）、一見本質とはかけ離れた『周辺的なこと』に注目しながら、これまでの制度的かつ慣習的な解釈機構の下で隠蔽されていた暗黙の意味を掘り起こし、そこから全体の意味の編み直し（＝脱構築）を行おうとする」ことである。

　②は、「個人の知能や性格、動機づけなどを当人の『頭の中』や『心的機能』に帰属させる考え方を徹底批判し、これらがあくまで社会的な相互交渉の中で、人々によって『見えるように』相互構成されたものとする見方」である。

　③は、「歴史的に構成された習慣や規則、熟練の過程で構成される新参者・古参者・熟練者の階層性、『仕事（work）』における分業化、技術の進歩に伴って発展する人工物（artifacts）の利用にまつわる多種多様な、支援的かつ妨害的な相互交渉過程が、実践共同体の再生産とその社会・歴史的変容を

第1章　「小川・佐伯論争」を読みなおす　31

生み出す」ことに着目する立場である。

④は、「人々の協調活動による集合的知の達成過程」に焦点を当てる見方であり、「人間の行為の、その実践状況の中での即興性（improvisation）に注目し、いわゆる『計画』とか『意図』を行為の原因とはみなさず、むしろ、それは自らの行為の『語り』の文脈の中で構成されたものとみなす」立場である。

上記四点を総合して佐伯は、「関係論的視点」を「人間の行為や能力の形成・変容の過程を見る際に、私たちが知らず知らずのうちに陥っていた（暗黙の権力によりかかった）、中心とされてきた特定の原因系にすべてを帰属させてしまう解釈構造を解体して、周辺にある具体的かつ末梢的な事実に注目し、そこから、これまでと異なる新しい意味世界を構築しようという、見方の転換をよびかける」スローガンだとする。

既存の意味体系の問い直しという①の特質から、今まで見えていなかったもの、異質・異様と感じさせるものへの着眼という志向が生じてくる。このことが、既存の保育実践を支える「慣習性」を重視する小川に違和感を生じさせる原因となっていく。

四点のうち、小川との論争の焦点となるのは④である。そこでは、「人々の協調活動による集合的知の達成過程」に焦点が当てられるのであるが、ここでの「人々の協調活動」が保育実践に、「集合的知」が実践から抽出されたその意味に、それぞれなぞらえられていくことになる。

佐伯は「関係論的な見方」が「あくまで保育実践を見る

32

（研究する）際の分析の観点であり、視座」であるとしている。つまり、佐伯の「関係論」とは、あくまで保育研究の方法論的立場なのである。しかしながら、それは研究者だけに利用可能な方法なのではない。「現場の実践者が、保育実践の後、みずからの保育を反省する」際に、「参考になる」とも言う（佐伯 1996:29）。佐伯は、実践者にとっては「反省」が、「実践の中で、その場で」行われることも強調しながらも、「実践からいったん離れて、実践を『理論化』するということ」の必要性も指摘する。しかし、その「理論」は、ひとつの「資源」に過ぎないのであり、実践の上位に立ち、予め実践を決定する「規範」ではないという点を佐伯は強調する。佐伯が、保育の事前計画の不可能性を指摘する中で、この「資源」はキー概念となっていく。

3. 保育者による「計画」をめぐる議論：「予想」か「資源」か

「理論」を不変のものとする見方への批判的意識は、佐伯の中には強く見いだされる。それと並行して佐伯が示すのは、小川が重視しているとされる「計画」や「予測」が、「即興的に活用されるべき『知的資源』」としてではなく、むしろ同僚や上司に自らの行為の正当性や意義を「弁明」する際の、外部の第三者へ向けたものに堕し、実践活動を「縛る」桎梏となってしまうことへの懸念である。

実践を事前に決定しようとするものとしての「計画」を批判する佐伯は、安部富士男の「後追い計画」論を持ち出す。横浜市郊外に位置する安部幼稚園の園長であった安部は、自園における「計画」を事後的に作成しているとし、

第1章 「小川・佐伯論争」を読みなおす　33

「その年度の年間計画を、夏休みとか、冬休みに立てる」という。つまり、実践への「振り返り」を行いながら、保育者が「明日の保育実践に向かう」構えを作るための「資源」として「計画」が位置づけられているというのである。ただ、ここで注意しておきたいのは、安部は年間計画を、年度末に作ると言っているわけではないということである。年度途中に作るのであるから、計画作成時点においては、既に過去において実践済みの計画も生じてくるが、その時点において未来の実践についての「計画」（言葉そのものの意味における）も含まれている。つまり、安部における「計画」というのは、実践への反省を積み重ねてそれを言語化し、それを「資源」として未来の実践への対応可能性を拡大させることを目的にして作成されているものなのである。

　安部の「後追い計画」論を持ち出すことによって佐伯は、「計画」が必ずしも実践に先行するわけではないことを強調し、先行する実践から抽出された意味を、後続する実践に備えて蓄積しておくことが「計画」を作ることの眼目であるとする。小川第二論文における佐伯の「計画」論に対する批判は、実践に後続する「計画」が、保育計画として成立するのか、という疑念から提出されることになる。小川第二論文は、佐伯が、安部の「後追い計画」論を持ち出したことを批判している。これ以降、両者の議論の焦点は、保育者の「予測」と「計画」に当てられていくことになる。

　小川は「『計画』とはどう解釈しようと未来への投企であり、未来に対するイメージの投げかけである」と述べる

（小川 1996b：41）。つまり、「未来」を繰り込まない「計画」
は、もはや計画ではない。既に小川第一論文において、保
育者が子どもと出会い、そしてそこで保育実践を行うこと
は、「計画」なしではありえないとされていた。小川は「も
し教室の活動が現在の教授活動を前提としているのであれ
ば、教師は『意図』や『計画』をもつのは当然であり、そ
の際、子どもが例えば、40 人いるとすれば、40 通りの出
来事をその『計画』に基づき予測することも、決して容易
なことではないのであり、もし予測せぬまま、複数の出来
事に出会ったとしたら、それに対応することすら容易では
ない」と指摘する（小川 1996a：35）。小川によれば、「計
画」というのは、予測されうる子どもの行為可能性を、あ
る程度まで絞り込むことであり、子どもの行為可能性とい
う複雑性を縮減することで、子どもの行為に対応するポテ
ンシャルを高めようとする振る舞いである。そのように主
張する小川にとっては、保育者が、「意図」「予測」なくし
て子どもと出会い、相互行為することはそもそも不可能で
ある。保育は、無意識なものであったとしても「意図」「予
測」を常に先行させて行われる営みなのである。
　そして保育者の予測は、その大部分が当たるからこそ日
常的な教育・保育の活動が成り立つのだとされる。小川に
とっては、実践は予測の後をついていくものであるとされ
ているのである。もちろん、予測と実際の活動との間に生
じたズレも、ポジティブに受け止められるべきものばかり
ではない。ただし、小川にとっては、保育者の予測と、実
際にどのように実践が展開されたかとの間にあるズレは、

反省的思考（省察）が生じる重要な契機であり、そのような反省、省察を可能にするためのツールこそが、計画である。小川は「『計画』とは明日の幼児の実態に対する最も蓋然性の高いと思われる事柄を仮説としてイメージする（予測する）ことであるという事実は隠しようもないのである。そこでは、予測が的中することが保育者としての専門性の高さを保障するのである。そのことと予想に反する事態に心を開かれているということとは、相反することではない」と言う（小川 1996b：47）。子どもの未来の実態に対する「予測」の正確さこそが、保育者の専門性の基礎にあると小川は指摘する。

　以上のような小川の主張を受けた佐伯第二論文は、小川との「最大の相違点」を「計画」の概念への見解に見いだしている。佐伯にとっての「計画」は、「資源（リソース）」であるという（佐伯 1997：52）。「資源」とは、広義においては「何らかの活動を遂行しようとしたときに、そのつど『道具になる』べく臨在しているもの」、「それ自体をとりあげても何の意味もないが、なんらかの活動が生じたときに、そのときの目的に対する手段（道具）に『なる』モノ」である。つまり、佐伯にとっての資源とは、あくまで「モノ」であり、それ自体が何らかの目的を実現するために作られたものではないということ、そしてその資源が活用される（資源化される）のは、活動の主体がそのモノと実践的に関わる（接する）ときであるということを特色とする。

　佐伯にとって「計画」を作るということは、思いつきうる予測を全て羅列することではなく、行為可能性を広げる

ためのイメージを作り上げておくことである。佐伯によれば「『計画を立てる』ということは、行為の前の場合は、『いざというときに、資源になるように』なんらかの適切な『表象』を構成しておくこと」だとされる（佐伯 1997：54）。つまり、佐伯における「計画」は、「資源」を蓄積していくことである。それによって、実践における行為可能性を増大させることができるという。佐伯は「『計画』はどんなに緻密に立てたとしても、実際にその場で行う行為系列を表すものではない」とし、「人はその場に臨んだときは、使えるものは何でも使い、これまでの経験で『身体化した』（いちいち内省しないでも状況に適切に対応できるべく熟達化した）技能に委ねた対応をする」と述べる（佐伯 1997：53）。

　このような佐伯の見解は、米国出身の人類学者ルーシー・サッチマンの議論に依拠している。サッチマンは、ヒューマン・インターフェイスの研究者であり、認知科学において人間の行為の状況に埋め込まれた特性を解明する「状況論」の提唱者である。ゼロックス社パロ・アルト研究センターの研究者として勤務したのち、英国ランカスター大学社会学部教授を務めた（サッチマン 1999：210）。

　佐伯は、サッチマンを引用し、「計画」が未来の行為を「決定」するものではないという点を強調している。佐伯にとっての「計画」とは「状況的行為の資源（リソース）」に過ぎないのであり、「行為系列を決定づけるもの」ではなく、さらに「実践やその場の状況をその具体的な細部において表しているのではない」ともいう（佐伯 1997：52）。

サッチマンは、「計画」は「出来事を説明する」という「後追い」において構成されるとしている。サッチマンは、計画が「状況的行為の資源」だということを示すために、カヌーによる急流の川下りを例に挙げている（サッチマン1999:51）。急流を下る前に立てられた「計画」は実際の水流において岩塊群を避ける動作等においては放棄され、身体化された技能へと逆戻りするという。ここでの「計画」の目的は、カヌーの漕ぎ手を方向付ける資源として活用されることである。

　つまり、サッチマンにとっての計画とは、行為の目的や意図を、事後的に記述し「説明」することによって、自らが行為に寄せる価値観や資源を自覚化することなのである。その意味において、「計画」は未来への投企のためになされる、現在の時点における過去への省察的行為なのである。つまり、佐伯にとっての「計画」は、小川の言う「未来への投企」の前提として行われる、未来における自らの実践のための準備作業なのである。

　ただ、過去を説明したり理解したりすることそのものを、佐伯のように「計画」と呼ぶことはできないというのは、小川の指摘する通りだろう。佐伯が述べているのは、「計画」を作る際に、実践への省察、佐伯の言葉では「後追い」が必要であるということにすぎない。佐伯においては、過去を説明したり理解したりすることが、「計画」を作るときの「資源」になるということである。

　佐伯は、「計画」が予めの期待ないし予想の実現を期待して作られるものではないということを強調する。佐伯に

とって「大切なことは、予想が『当たる』ことではなく、まさに、多様な事態に、そのつど利用可能な資源をうまく使って、『適切に対処できた』という実感だけである（この実感だけはきわめて鮮明に意識できる）」とされる（佐伯1997：55）。佐伯が、計画において重要なことは、過去の対処が「適切だった」とする「実感」だと述べるとき、やはり計画の意義を、ある時点における過去の行為への省察可能性の増大に見ていると言えるだろう。

　佐伯は、直接的には小川の言う「予想」を否定しているのだが、小川の「予想」に基づく実践の帰結として、佐伯の言う「適切に対処できた」と実感することも含まれているはずである。佐伯は、小川の「予想」を子どもの行為への予見だと狭く受け取ったのであろう。小川にとっての「計画」は何より未来への投企という意識的な営みであって、一方で佐伯にとっての「計画」は過去への省察による意味づけであり、その意味づけを未来の行為可能性（対応可能性）を拡大させるための資源として蓄積することなのである。佐伯における資源としての過去の経験の蓄積は、それが未来の時点において有益かどうかを予め期待してなされる意図的な行為なのではなく、未来の時点で有益ではないかもしれない（つまり未来の時点で意識化されることも実践化されることもないかもしれない）けれども、未来において利用できることを期待してなされる行為であるという点に、小川の「予想」と比較した場合の佐伯の独自性があると言えよう。

　ただ、佐伯にとっての「表象」を構成することと、小川

にとっての「予測」との間に、大きな相違があるようには思われない。佐伯にとっての「計画」は、何より過去への省察を重視することによって構成されるものであるのに対し、小川にとっての「計画」は、未来への投企のための現時点における未来への予測として構築されるものなのである。

佐伯は、指導計画が、予測の当否にのみ焦点化されてしまうことで、予測されていなかった「出来事」への開かれが失われてしまうことを批判している。保育者の専門性は、「〜の場合は、どう振る舞うべきか」という「if-then 系列」に矮小化されるべきものではない。佐伯は、サッチマンに言及しながら、「計画」の役割が、「やるべきこと」を予め絞りこんで羅列したリストとしてではなく、実践者の行為可能性を拡大させ、「多様な事態」への対応を可能にする「資源（リソース）」であるということを繰り返し強調する（佐伯 1996：30）。

　　「発達理論」と同様、「計画」や「予測」が、実践にあたってそれらが活用されるべき資源（resource）の一部として組み込まれることは、当然のことである。問題はそういう資源が具体的な実践状況のなかでどのように「利用」され、「修正」され、場合によってはあえて「無視」されるかを、具体的事実に即して分析しなければならないことである。

ただ、佐伯は小川の言うように、日常性や慣習性の保育

実践上の意義を軽視しているわけではない。そのことは、佐伯が「保育者の専門性」を、米国の看護学者パトリシア・ベナーの看護技能の熟達論に類比させて論じていることに現れている（佐伯 1997：55）。ベナーは、カリフォルニア大学サンフランシスコ校社会行動科学看護学研究科名誉教授で、看護師の生涯にわたる学習とスキル習得の段階を提示した著書を公刊した人物である（ベナー 1992）。

　佐伯によれば、「熟達」とは、（1）慣習的行為の無意識化、（2）不測の事態での「状況把握」の正確さの発達、（3）即興的な「資源」活用の柔軟性の獲得であるという。佐伯によれば、小川の「予測が当たる指導案」作成とは、「こうすれば、こうなる」式の「if-then 系列」の詳細な事前の羅列に他ならないのであるが、それはむしろ実際の保育に対するその場における理解と対応の重要性を損ねている。つまり、「if-then 系列」としての計画は、上記の（2）不測の事態での「状況把握」の正確さの発達、（3）即興的な「資源」活用の柔軟性の獲得と背反すると佐伯は考えているのである。

　佐伯の見るところ、「小川の言う『保育者の専門性』は、子どもの行為世界をすべて『保護者の手の内（制御範囲内）に収めること』としている」のであり、「子どもがもつ無限の可能性（おどろきと感嘆をひきおこす可能性）を見えなくする」という（佐伯 1997：57）。佐伯にとって、保育者の省察が「子どもがもつ無限の可能性」という、いわば予見不可能性によって引き起こされる「おどろき」によって惹起されるというとき、佐伯は自らの立っていた常識あるい

は慣習、先入観との間にズレを感知しているということになるだろう。佐伯にとってのズレとは、保育者の常識、無意識的な規範や先入観からのズレであるように思われる。

　他方で、佐伯が批判するように、小川の言う保育の「計画」が「if-then 系列」の詳細な事前の羅列であったのかといえば、必ずしもそうではないと思われる。というのも、小川は保育者の援助・指導に関して「幼児の遊びの志向性をさぐり、適切な指導ができるためには、幼児たちが保育者の援助をできるだけ必要としない状態に達していなければならないことになる」と述べているからである（小川 2010：12）。つまり、保育実践のさなかにあって、援助する（子どもに関わろうとすること）モードから、非－援助的なモード（小川の言葉で言えば「観察者の側にまわる」ことで子どもの遊び集団の関係性を見極めること）へと転換することの必要性を説いている。こうした子どもへのかかわり方のモードの転換を、小川は「かかわりの目」から「観察の目」への変換と呼んでおり、両者の「変換を自在に発揮できる能力が保育者に要請される」としている（小川 2010：169）。「非－援助的なモード」においては、「予測」も、それに基づいた「計画」も、保育者の意識の最前面には浮上してこない。小川にとっては、このモードの転換を適切に行うためにこそ、「予測」「計画」が必要なのである。「予測」「計画」に基づいてこそ、モードを切り替えるポイントを見定めることができるからである。小川の言う保育の「計画」とは、子どもの実際の姿を予想して、その正確性を追求するようなものではない。むしろ、保育実践のさなかに、保

育者が「観察者」として子どもの遊びの状況を判断し、子どもの関係性を見極めるための時間が得られること、保育者の側の非−援助的側面が担保されるように保育環境を整え、工夫しておくための「資源」こそが、小川にとっての「予測」であり「計画」なのである。

　既述の通り、佐伯は「小川の言う『保育者の専門性』は、子どもの行為世界をすべて『保育者の手の内（制御範囲内）に収めること』としている」と批判しているが（佐伯1997:57）、小川のいう「保育者の専門性」は、むしろ、自らの「制御」が不必要なほどに、子どもたちが創発的に遊びを介した相互的な関係を構築・維持できるよう方向づけていくことである。この点において佐伯は、小川にとっての保育者の非統制的、非援助的役割を見落していたと言えるだろう。

　しかしながら、そのことは、佐伯と小川が全く別の問題を見ていたということを意味するわけではない。というのも、両者においては、保育者の専門性の向上に資する行為とはどのようなものなのか、という問題関心が共有されていたからである。上述のベナーによる看護職の熟達論になぞらえつつ、佐伯が保育者の専門性として挙げた、（1）慣習的行為の無意識化、（2）不測の事態での「状況把握」の正確さの発達、（3）即興的な「資源」活用の柔軟性の獲得の三点のうち、（2）と（3）が小川のいう保育者の専門性と背反するという佐伯の見方は正しくはない。むしろ、（2）と（3）は、小川の保育方法論で保育者が子どもを援助する際に使う「かかわりの目」（直観の目）と重なっているだろ

う。小川は「かかわりの目」について「自分が幼児を援助
する必要が生じたら即座に、自分の手、足、姿勢、言葉等
あらゆる手段を駆使して援助行為を発動させようと身構え
ている目」と説明しており（小川 2010：166）、佐伯が（3）
で述べたような、保育者の即興性ないし柔軟性を、小川は
自身の保育者の専門性論の核心に据えていたのである。

　結局、小川と佐伯の計画に対する見解が、見かけ上背反
しているように見えるのは、計画が差し向けられていく未
来をどう捉えるかという点において、両者が相違していた
からではなかっただろうか。佐伯にとっては、未来はあく
まで予見不可能なものであり、子どもの中に予見不可能性
を見いだすことが保育の魅力なのであった。それゆえ、未
来を予見可能であるかのように、計画の中に予め記述して
おくことはそもそも不可能だし、それは保育することの魅
力を圧殺することに他ならないと佐伯は考えたのである。
それに対し、小川は、未来における子どもの姿は、保育者
にとって、ある程度予見可能であるし、予見できるように
なるべきだとする。子どもの姿を予見しうることで、保育
者は子どもに余裕を持って対応することができるようにな
るからである。未来における子どもの予見可能性を大きく
し、それを計画という形で記述しておけば、予見できなかっ
た姿（ズレ）を見せる子どもへの対応も容易になると小川
は考えていたのだろう。ズレた子どもへの対応可能性を持
つ、小川の言う専門性の高い保育者は、佐伯の言う「即興
的な『資源』活用の柔軟性」を持つ熟達した保育者とは重
なり合うように思われるのである。

44

4.「小川・佐伯論争」のアクチュアリティ

　以上見てきたように、小川・佐伯論争は「関係論的アプローチ」をめぐる研究方法論・保育方法論を中心とした議論、および保育者による「予測」と「計画」をめぐる議論の二つを軸として展開されたものであった。

　第一のテーマについていえば、小川にとっての「関係論的アプローチ」は、実際に実践を行う保育者の視点や思考が抜け落ちている「理論的問題」に関わるものであり、それが即座に実践の変容をもたらすものではない。小川の関係論批判を受けて応答した佐伯は、「関係論的アプローチ」の主旨を明らかにし、保育実践を解釈する方法論である「理論」として「関係論」を擁護しようとした。かくして、小川・佐伯論争は、保育実践に対する「理論」の意義をめぐる議論から口火が切られた。小川にとっての「理論」はあくまで、保育者の実践を変容させる具体的なポテンシャルをもつ言説でなければならず、小川にとっての「理論」は常に保育方法論であり、保育実践論の形をとる。それに対して佐伯にとっての「理論」は、保育者が予見しえない子どもの振る舞いを見いだし、それに対応するための構えを生み出す「資源」なのであり、「理論」は「資源」を見出すために有益であることで、実践に寄与するとされた。

　第二のテーマである「予測」と「計画」をめぐっては、子ども集団と向き合う保育者の実践者としての存在を起点とする小川に対して、保育者の予測・判断を、個人のなかから生じたものではなく、状況に根ざした判断として位置づける佐伯の相克が顕在化する。この両者の相克は、小川

第 1 章　「小川・佐伯論争」を読みなおす　　45

が保育者の実践的立場を、佐伯が保育研究者による観察的立場を念頭に置いて保育者と子どもとの関係性、ないし、保育者の「予測」「計画」を論じたことから生じてきたものと考えられる。両者の「計画」に対する捉え方は、双方の「反省」「省察」観の違いにもつながっている。小川が、保育における援助には、活動内容や素材等に対する予測が先行する必要があり、それは日々の保育実践を省察することで徐々に正確なものとなっていくとするのに対し、佐伯における省察とは、むしろ予想外の子どもの言動や状況に驚き、感嘆することによって生起する異化の作用である。佐伯における省察は、必ずしも、次なる保育実践を駆動するものとはいえず、むしろそれまでの保育実践を、一時的にではあれ中断させるような作用を持つのに対し、小川における省察は、保育実践と自らが立てた計画とのズレを意識化することであり、次なる保育計画の足掛かりとなって保育者の援助の適切さを高めるものである。

　ただ、「計画」の中で、保育者と子どもとの関係性をどのように据えるかという論点、および「計画」と保育者の「予測」のカップリングがいかに構成されるかという論点が、両者によって焦点化されることなく、論争は唐突な終焉を迎えた。本論争で両者が問うていた、あるいは問おうとしていた問題群は、その後、他の論者による理論的検討に付されることはなく現在に至っていることは、本章の冒頭で指摘したとおりである。

　小川・佐伯論争で焦点化された、保育者や保育研究者が自らの保育を検討しようとする際の「関係論的アプローチ」

に関する議論は、保育実践論というよりも、保育者の存在論として現在の保育学言説においてメジャーな地位を占めている（磯部・山内 2007：152ff.）。それに対し、保育の「計画」に関する議論は、「環境を通した保育」を理念化して、保育計画を環境構成の計画と同一視する現在の保育学言説においては、研究テーマとしては周縁化されているように思われる。そのような保育学の現状を顧みるとき、保育者の思考や判断の拠り所としての保育者─子どもの「関係性」の検討、および実践と計画のカップリングについての検討の必要性が、小川・佐伯論争の中で提示されていたことの現在における意義を、私たちは再考するべきではないだろうか。

　次章以降では、本論争の基盤をなす、小川と佐伯それぞれの保育者の専門性論、特に保育者の子どもへの態度に関する論考を読み解き、本論争の今日的な意義についての考察を深めていきたい。

—— 第 1 章の文献 ——

磯部裕子（2016）「保育における計画論」日本保育学会編『保育の
　いとなみ：子ども理解と内容・方法』（保育学講座③）、東京大
　学出版会

磯部裕子・山内紀幸（2007）『ナラティヴとしての保育学』（幼児教
　育知の探究１）、萌文書林

小川博久（1996a）「保育研究の在り方をめぐって：関係論的批判」
　『保育の実践と研究』１（１）

小川博久（1996b）「保育研究の在り方：佐伯の小川批判を再批判す
　る」『保育の実践と研究』１（３）

小川博久（2010）『保育援助論』（復刻版）、萌文書林

小倉定枝（2013）「保育における「主体性」言説に関する考察：1989
　年後を中心に」『千葉経済大学短期大学部研究紀要』９

河邉貴子（2009）『遊びを中心とした保育：保育記録から読み解く
　「援助」と「展開」』萌文書林

『最新保育士養成講座』総括編纂委員会編（2019）『保育専門職と保
　育実践／保育内容の理解と実践』全国社会福祉協議会

佐伯胖（1996）「保育研究の在り方：小川批判に答えて」『保育の実
　践と研究』１（２）

佐伯胖（1997）「保育研究の在り方：小川再批判にこたえる」『保育
　の実践と研究』１（４）

サッチマン（1999）『プランと状況的行為：人間－機械コミュニ
　ケーションの可能性』佐伯胖監訳、産業図書

ベナー（1992）『ベナー看護論：達人ナースの卓越性とパワー』井
　部綾子訳、医学書院

三谷大紀（2018）「学び合う保育者：保育の場における保育者の成
　長と同僚性」汐見稔幸・大豆生田啓友編著『保育者論』（新し
　い保育講座②）、ミネルヴァ書房

森上史朗（1999）「保育実践の研究の基盤を考える：見ること、語
　ることから記録することへ」『発達』64

文部科学省編（2018）『幼稚園教育要領解説』フレーベル館

第2章

小川博久の保育者論

1．小川の根底的主題への関心の不在

　本章では、「遊び保育論」として知られる小川博久の保育方法論における、保育者の専門性の位置づけを見ていきたい。特に、小川が、保育者が子どもを見ること、子どもの遊び集団が相互に「見る⇄見られる関係」にあることに、どのような意義を見出していたのかを明らかにしていく。小川の保育方法論は、晩年の著作『保育援助論』、『遊び保育論』、『保育者養成論』という三冊の著作に集約的に表現されている。

　小川の著作において「見る⇄見られる関係」の表記は「見る−見られる関係」と表記される場合もある。例えば、『遊び保育論』では「見る⇄見られる関係」の表記が採用されているが、『保育援助論』、『保育者養成論』では「見る−見られる関係」の表記が採用されている。ただ小川が、それぞれの表記に、異なる意味を付与していたとは思われない。そのため、本章では、便宜上、『遊び保育論』に見られる「見る⇄見られる関係」で統一する。

　小川における保育者が子どもを見ることとは、保育者が援助に際して行う「子ども理解」を指すものではない。加えて言えば、小川は、保育者が子どもを援助する状態を脱して、保育者による援助が不要な状態を実現することを目指している。「保育者による援助が不要な状態」とは、保育者が子どもを独特の仕方で「見る」ことだけが求められる状態であり、そのような「援助が不要な状態」を実現するためにも、それとは別の仕方で「見る」ことが必要であると小川は言う。上述のように、子どもに対する間断のな

い援助をしつづけることが保育者の役割であるという認識を覆すのが小川の保育方法論なのである。保育者が子どもを見るとはいかなることであり、それに伴って生じる子どもの遊び集団における関係性がどのようなものであると小川が捉えていたのかを明らかにすることによって、後述する小川に関する先行研究においては保育者の指導性や保育実践におけるPDCAサイクルを重視したとされてきた、小川に与えられたポジショニングは変更されるはずである。本章によって、現在の保育学において支配的な言説において是とされている、「個々の子どもの理解を前提としたPDCAサイクルに則った保育実践」とは別様の保育方法論を小川が構想し、子どもの集団性（グループダイナミクス）を重視した保育実践論を提示していたことが判明するはずである。

　保育研究において小川博久は、「遊び保育論」の提唱者として、保育者の存在や指導性について論じた人物として認知されている。「遊び保育論」は、保育の場において、かつての異年齢集団における遊びの伝承＝学びのシステムを再生しようという保育方法論であり、子どもが「よく遊ぶ人のパフォーマンスにあこがれて、自ら、それをまねて自分も試行錯誤を始めるといった活動の場を再構成」することを企図したものである（小川 2010b：53）。そのような保育方法論を、小川は「遊び徒弟制」と呼んでいた。

　小川に対する評価として、例えば芦田宏は、「教師の役割」が明記された1998年告示の幼稚園教育要領の解説作成協力者に小川の名があることを踏まえ、98年要領に「教師の

役割」が明記されたことへの彼の貢献を指摘している（芦田 2013：124f.）。芦田の指摘は、一般的に保育者の指導性を明確にしたと認識されている 98 年要領に対して与えた小川の影響に関するものであり、つまり、小川は保育における保育者の指導性を強調した人物として位置づけられているのである。他方、久富陽子・梅田優子は、小川にとっての「保育における『援助』とは、幼児理解を基本とし、それに基づく保育者の予想によって実際のかかわりが生まれ、かつ、そこには常に軌道修正の可能性が含まれていること、そうした一連の繰り返しの全過程（プロセス）であることがわかる」と述べている（久富・梅田 2016：208）。久富・梅田によるならば、小川の理論は保育の計画・実行・評価・改善という PDCA サイクルとして語られる内容を先取りしており、保育者による子どもへの援助の正確性を増すために子ども理解がなされるべきだと主張したのが小川である。

　しかしながら、保育者にとっての行為の方略に留まらない「遊び保育論」を、保育者の指導性や存在意義についての議論として、つまり、保育者が子どもをどう「援助」できるかについて論じただけのものとすることは一面的な解釈である。それというのも、小川は、保育者が子どもの中に身を置く場合には、いつでも子どもの要求に応じる態勢でいるべきだという保育学者津守眞の言葉を引用したうえで、次のように述べているからである（小川 2010a：12）。

津守氏が指摘するように、保育者は常に幼児の要求（かかわりへの要請）にこたえるべく、自分の体勢を整えておかねばならない。しかし、幼児自身が自ら目標をもって、楽しんで動いているときは、幼児にかかわる必要はない。いいかえれば、幼児が保育者のかかわりを必要としない（保育者はかかわることができない）。しかも、このことは幼児自身が主体的に遊びに取り組んでいる姿なのであるから、きわめて望ましい状態である。そしてそのときこそ、保育者は観察者のがわにまわることができるし、まわらなければならない。

　上記の引用から明らかであるが、小川は、保育者が子どもを援助しつづけること、保育者が子どもに関わりつづけざるをえない状況に留まることを否定している。先に示した芦田らの小川に対する評価が一面的であるのは、「援助者」とは別のモードに入っている「観察者」としての保育者について小川が語ったことを見落としているからである。子どもに関わる保育者、援助者としての保育者ではない側面、「観察者」としての保育者について小川が何を語ったのか、「観察者」としての保育者とはどのような存在であるのかを見ていくことで、子どもの「集団」に対峙するための保育者の専門性が浮き彫りになってくるはずである。

　小川は「幼児の遊びの志向性をさぐり、適切な指導ができるためには、幼児たちが保育者の援助をできるだけ必要としない状態に達していなければならない」と言う（小川2010a：12）。ただし、「遊びにおける援助の目的は幼児が自

立的に活動に取り組むこと」であるから、子どもの遊びの
志向性を探ることと、保育者が子どもにかかわる（援助す
る）ことは不可分だとされるのである。

　小川の遊び保育論は、保育者の援助と観察を通して、子
どもたちが自立的に活動する状態をいかに実現するかを主
要なテーマとしている。先取りして述べるなら、本章で着
目する、子どもの遊び集団のもつ相互の「見る⇄見られる
関係」は、子どもたちが自ら遊びを深める前提となる関係
性なのである。

２．遊び保育論の前提：
子どもの「集団」を対象とする保育実践
（１）　"一人一人を大切にする"という保育理念の観念性

　まず、小川が保育実践について議論する際は、保育が子
どもの集団を対象としていることを前提にしている点を確
認しておこう。小川の保育方法論を見るに当たって注意す
べきことは、保育が子どもの集団を対象としているという
事実を立論の不可避の前提としているということである。
小川は、個々の子ども一人一人を大切にするという 2008 年
告示の幼稚園教育要領に見られる保育理念は「擬制」のう
えでしか成り立たないということを、次のように述べてい
る（小川 2010b：64 傍点原文）。

　　　幼稚園教育要領の場合、１クラスは少なくとも 10 ～
　　30 人までの構成になっており、この多数の幼児を相手
　　にしなければならない。それゆえ、保育者は同時に一

人一人とかかわりをもつことはできない。なぜなら幼児の心性は自己中心的なので、幼児にとって親密である保育者との関係はその幼児だけの関係であり他児にとっても同じであるということは了解できないのである。それゆえ、保育者が幼児一人一人と豊かな関係をもとうとすればするほど、他の幼児との関係を排除するか無視する関係をつくることになる。[中略]幼児が保育室の中に入って保育者と対峙した瞬間に、前述の一対多の関係［保育者一人に対して、子どもが多数いる保育室の中での人間関係］に立たされる。その瞬間から一対多の関係の中では、一人一人を大切にするという保育理念は擬制の上でしか成り立たないことに気づかざるを得ない。この現実に立つかぎり、幼稚園教育要領において一人一人を対象（ターゲット）とする方略は失効するしかないのである。

小川においては、保育実践は、子どもの集団を対象とする営みであるという事実を前提として展開されている。小川が強調しているのは、子ども“一人一人を大切にする”という保育理念は、保育者と子どもたちの関係が「一対多の関係」となる現実の保育実践にあっては成り立たないという点である。無論、“子ども一人一人を大切にしなくてよい”などと小川は極言しているわけではない。小川は、子ども個々人の発達と集団の育ちを弁別して保育を語ろうとすることを退けているのである。哲学者坂部恵の〈人間を人間たらしめるのは、間柄であり、関係の束の総体に目を

向ければ「集団」が、関係の一端の結節点に目を向ければ「個」が生まれる〉という主張を引きながら、保育を論じるに当たっては、個か集団かという見方ではなくて、「〈関係〉の問題」への着眼が必要だと述べている（小川 2010b：65）。さらに、小川は、家庭における母子関係等を端緒として、子どもと保育者の関係、子ども同士の関係というように変わっていく姿を「発達」と呼んでおり、「幼児教育の場合、環境による教育といわれるけれども、この環境においてもっとも重視されるべきものは、人的関係であり、そこからモノとの関係が始まる」と述べている（小川 2010b：65）。上記の小川の言葉を踏まえると、後述するように、彼の遊び保育論において保育環境の構成（コーナーの設定等）は要とされているが、保育環境の構成はいかに人間関係を構築するかを念頭に置いてなされるものと捉えるべきであって、コーナー等を設定することによって生じうる保育者と子ども、子ども同士の関係にこそ、焦点を合わせていると考えられる。遊び保育論を、保育者の存在意義や役割についてのみ論じたかのように見なす従来の捉え方は、小川が保育を「〈関係〉の問題」として語ろうとした点を見落としてしまっている。

　小川は、「クラス担任である保育者は、一人一人の幼児の名前や顔と向き合うことの重要性を感じつつも、担任としては、頭の中にあるのは、幼児教育施設の1日の生活秩序に従って、クラスという集団の秩序を維持する責任から、クラスとしての規範を守って集団的に生活してほしいという願い」を持つと指摘している（小川 2010b：71）。このよ

うな「クラスという集団の秩序」を念頭に置く局面におい
て、「一人一人を大切にする」という理念は保育者の意識の
中では後景化されている。上述のような葛藤（子ども一人
一人と向き合いたいが、クラス集団の秩序を維持せざるを
得ないこと）を保育者が抱えたとき、いかなる手だてがあ
りうると小川は考えていたのだろうか。

（２）　保育者の演技的振る舞いによって成立する「一人一
　　　　人とのかかわり」という擬制
　「子ども一人一人と向き合いたいが、クラスの集団の秩序
を維持せざるを得ない」という保育者が抱えるジレンマを
前にして、保育者はどのように対処するべきなのか。小川
は次のように述べている（小川 2010b：72 傍点原文）。

　　　そのための対策［保育者が子ども一人一人を大切にす
　　　るという理念を守るための対策］は基本的に擬制とし
　　　ての対策なのである。言い換えれば、一人一人とかか
　　　わっているかのように保育者が振る舞う（演技）とい
　　　うことなのである。

　ここで言われる、子ども「一人一人とかかわっているか
のように保育者が振る舞う（演技）」とは、子ども集団の中
で個に配慮するという構えを保育者が見せることにほかな
らない。例えば、小川は、子ども集団の中で個に配慮でき
ているかどうかを確かめる術として、「幼児一人一人の顔写
真を貼ったノート」づくりを勧めている（小川 2010b：73）。

このノートには、子どもの写真を縦列に貼り、横に幼稚園等の日程を書くという。降園後に保育者がその日の保育をふり返って、子ども一人一人の表情を思い出す。もし自分とアイコンタクトのなかった子どもを見出した場合は、翌日の登園時に、意図的にその子どもとの出会い直し、つまり、相互のコミュニケーションをとるように心がける工夫をしなければならないという。

　さらに別の例として挙げられているのは、より意図的であるが、特定の子どものプライベートな話題（特にその子どもが保育者に聞いてほしいと思っている事柄）に関して、「お集り」の時にみんなの前で、保育者がその子どもと意図的に親密そうに会話をする、というものである（小川 2010b：75f.）。しかもこれを、お集りの時間で、今日は2名、明日は2名、という具合に取り上げる子どもを設定し、最終的に、クラス全員が〈みんなの前で保育者と親密に話す〉という経験ができるように計画するという。

　以上に示した、子ども「一人一人とかかわっているかのように保育者が振る舞う（演技）」ことは、小川によれば「保育者の役割としてすべき行動」であり、保育者という役割に伴うパフォーマンスであるから、保育者が意識的に「努力して身に付けるべきこと」だとされる（小川 2010b：77）。この保育者の演技的な振る舞いは、子どもの集団を対象とした保育の場において、あたかも保育者と子どもが一対一の関係を常に構築しているかのように演出する（つまり、子ども一人一人が、子ども集団の一部としてではなく、保育者が〈他ならぬこの私を見てくれている〉と、子

ども自身が感じ取れるようにする)。

　他方で、保育者の演技的な振る舞いは、子どもが、集団の「ノリ」(身体的なリズムの共鳴)を感じ取ること、子ども集団の連帯性を形成することにもつながっている。小川によれば、ここでの「ノリ」というのは、小川門下の幼児教育学者岩田遵子が提示した概念であって、「関係的存在としての身体による行動の基底にあるリズム、およびその顕在の程度、すなわち、リズム感、また身体と世界との関係から生み出される調子、気分のこと」である (小川 2010b: 68)。

　小川は、子どもと保育者が心を通わせる手だてとして「手遊びなどの同型的同調」を挙げているが、手遊びは、子どもが〈他ならぬこの私を見てくれている〉と感じ取っている保育者の動きに同調することが、子どもの集団内で同時発生することによって成立する (小川 2010b:68)。子どもは、手遊びを通じて、保育者の動きに身体的に同調することで、他の子どもとの動きについても同調していることを感じ取ることになるだろう。保育者の演技的な振る舞いは、子ども一人一人にとって自分が尊重されていると感じ取らせるとともに、子ども集団の中のノリを生み出し、集団の秩序を形成させるためになされるのである。

　本節では、「遊び保育論」として知られる小川の保育方法論が、子どもの集団を対象として保育が展開されるという事実に基づくものであり、それゆえに「子ども一人一人を大切にする」という幼稚園教育要領上の理念を遵守するには、保育者に演技的な振る舞い(あたかも子ども一人一人

との関わりを結んでいるかのように、子どもに思わせる行
為）が求められることを確認してきた。次節では、この子
どもの集団を対象とするという事実に即した保育者の援助
が成り立つための前提として、「かかわりの目」と「観察の
目」という、子どもに対する視線の二つのモードがあると
小川が論じていることを見ていきたい。

３．保育者が子どもを「見る」ことの二つのモード：
遊び保育論における援助的側面／非－援助的側面
（１）　「かかわりの目」と「観察の目」

　小川は、保育が子どもの集団を対象としていることを前
提に、「保育という営みは、複数の幼児が同時に動き出し
たのを見て、保育者がその動きの実態を把握し、援助の必
要性の優先順位を見極めた上で、援助行為を組み立ててい
く営みである」と述べている（小川 2010a：164）。さらに、
こうした保育者の援助行為が成り立つための前提として、
「かかわりの目」（直観の目）と「観察の目」という言葉を
用いて、保育者が子どもに具体的かつ直接的に関わるモー
ドと、関わりを避けて子どもを「見る」モードがあるとし
ている（小川 2010a：166ff.）。

　「かかわりの目」という言葉で小川が述べるのは、保育者
が子どもを見ることは、保育者の援助行為と連動しており、
瞬時に援助するべき対象を見出したり、事柄の良し悪しに
対する判断を下したりする直観的なまなざしである。「常
時、行為すべき存在として心の中で待機（スタンバイ）し
ている保育者にとって、幼児や周囲を見ることは『かかわ

りの目』として働くことを意味する」という（小川 2010a：167）。

　他方で、小川は、「観察の目」の必要性も強調している。「観察の目」というのは、「一瞬、幼児への『かかわり』を拒否し、身体に潜む対象への関与の衝動をコントロールし、対象を見るという行為にだけ集中させる目」のことである。保育が子どもの「集団」を相手にしているという事実が、「観察の目」をもつことを求めている。「観察の目」で保育者が子どもを見るとき、保育者は子どもへの「情緒的関与を排除し、対象の外面的特性の変化に着目する」ことに徹しており、「対象の変化に、ただちに価値判断や好悪の感情を誘発させない、ニュートラルな目」で見ることが求められる（小川 2010a：167f.）。以上に述べた通り、「かかわりの目」は、保育者が子どもとの直接的なかかわりを起動し、援助行為と連動する近接的な目である。他方、「観察の目」は適時適切の援助を行うため「俯瞰すること（『見つめること』）」であるから、それは、子どもとの関わりとしては間接的、あるいは遠望的な目である（小川 2010a：169）。「観察の目」は、保育者に子どもと関わらない（援助行為を一旦休止する）ことを求め、子ども同士が紡ぐ関係性のネットワークで何がどう動いているのかを見定める、いわば非−援助的な目である。

　小川において上記の「かかわりの目」と「観察の目」の二つの目は、そのまま保育者が子どもに援助すること、援助を適切なものとするために子どもの実態を把握することとそれぞれ重なるものであり、両者の目を使い分けること

第 2 章　小川博久の保育者論　　61

は、小川の保育方法論上の要となっている。このことは次の小川の言葉に明らかである（小川 2010a：169）。

　　同時進行で展開する複数の幼児の遊び群の存在と動きを「観察の目」で「見つめ」、その群の遊びの進行とその状態を把握し（いったいどのようになっているのか）、その群のどれに今、援助が必要かを判断し、その群にアプローチするまでは、保育者は静止状態でいることが求められる。そして、援助の必要性を痛感した保育者が動き出した時には、対象となる幼児や幼児群に対し、「かかわりの目」へと態度の変換が求められる。こうした変換を自在に発揮できる能力が保育者に要請される。

　保育者は「かかわりの目」と「観察の目」を自在に変換できるようにしなければならないのだが、そのような「目」を切り替える力は実際に保育を行う中で身につけていく必要がある。そして、そのための「最も有利な場所として私は製作コーナーをあげたい」と小川は言う（小川 2010a：169 傍点原文）。というのも製作コーナーは、子どもにとって「人間関係を結ばなくともモノとかかわれる場所」だからであり、そこに保育者がいることで「幼児一人ひとりにとっての環境を主体的に構成しやすい場になる」ため、保育者の援助行為を必要とせず、保育者が静止状態を維持したまま、子どもの遊び全体を俯瞰できるからである（小川 2010a：173）。小川によれば、製作コーナーに保育者が安定

的に構えていることで、子どもは「保育室の環境の中で、自分が安定できるよりどころとしての保育者の存在に気づくと、幼児の関心は、周囲の人間関係やモノなどの環境へと向かう」ようになるという（小川 2010a：146）。製作コーナーにいる保育者がいわば起点となって、子どもたちが安定感を得、そのことが、子どもたちが自分なりの遊びへと向かっていくことを促すというのである。

　保育者が製作コーナーにおいてモノと関わること、もっと言えば、保育者がモノと関わっているかのように見せることは、子どもの遊びを触発する行為でもある。つまり、製作コーナーは、子どもによる保育者への模倣が容易に起こりやすい場であると同時に、「観察の目」と「かかわりの目」という二つのモードを容易に転換させやすい場であるとされている。

（2）「モノを扱う人間の行為」による遊びの触発

　第2節でみた通り、小川の遊び保育論では、あたかも子どもと一対一の関係を常に維持しているかのように演技的に振る舞うことを保育者に求めている。子どもと保育者の一対一の関係は、あくまで擬制の上で成り立つ。こうした「擬制としての対策」を経て、保育者は子どもにとっての親密な存在として認識され続ける。なぜ保育者が子どもの関係が親密である（かのように見せる）必要があるのかといえば、子どもの遊びを駆動するのは、親密な人の行為への模倣願望（身近な人がする行為へのあこがれ）だからである。ただし、この関係性は、子どもが保育者へ一方的に抱

第2章　小川博久の保育者論　　63

く親密さであり、その点で非対称的なものである。言い換えれば、保育者が子どもとの間の親密性の中に実際に沈潜してしまうのではなく、あくまでも子どもの側に親密さが感じ取られていることが重要なのである。

　小川は、子どもがその遊びをやってみたいという気持ち（あこがれ）が生じるためには、その遊びが遊ばれている姿、およびその遊びを遊んでいる人の様子に触れることが必要であると述べている（小川 2010b：79f. 傍点原文）。

　　何かをしようというめあてを幼児自身が見つけなければ、遊びにならない。言い換えれば、〜をしたいというめあてを見つけ、それをやりたいという気持ち（あこがれ）が起こることが必要なのである。そのめあてとなるものは、具体的にいえば、モノではなく、モノを扱う人間の行為である。どんなに美しく飾ってあるモノでも、そのモノを扱っている人を見なければあこがれは生じない。たとえば美しい独楽を見て、「あれをまわしてみたい」とあこがれたとしよう。その場合、一見、独楽にあこがれていたように見えるけれども、その独楽がまわっている姿にあこがれたということは、その独楽をまわす人にあこがれたことなのである。

　つまり、遊びを触発するのは「モノを扱う人間の行為」であり、その行為をする人に対して子どもがあこがれることが、子どもを遊びへと誘うのである。ただし、この「モノを扱う人間」は誰でもよいわけではない。小川は「幼児の場

合、まったく知らない人の技にあこがれることも、ないわけではない」としつつも、「多くの場合、技の客観的難易度でひかれるわけではなく、自分との関係の中で（つまり親密な関係の中で）親しさと、疎遠さの『ゆさぶり』によって引き起こされるので、あこがれは、初めに自分の一番親しい先生とか、父母に向けられる」という（小川 2010b：80）。小川が、子ども集団を対象とした保育の場において、保育者が一対一の関係を子どもと持っているかのように振る舞うことを求めたのは、子どもにとっては親密であるかのように感じられている保育者が、子どもには馴染みのない目新しいモノを扱う行為をしてみせるというギャップが、子どもの遊びへのモチベーションを触発するからである。次節においては、こうしたモノを扱う行為を「製作コーナー」で保育者が行うことの意味、「製作コーナー」が具体的に保育室内でどのように配置されるべきだとされているかを見る。それは、最終的に、子どもの集団の間に「見る⇄見られる」という関係性を生じさせることを目論んだ空間デザインである。

４．子どもの集団を「見る」ための保育室の環境
（１）　室内遊びのベースとしての「つくる活動」

　子どもの遊びを触発するモノを扱う行為とは、具体的には何かを「つくる活動」のことだと小川は言う。彼によれば「つくる活動」は、個人的に始められるものだが、手を動かすという動作を伴っており、その「動作のリズム」は、周囲の子どもとの間に同調性のノリ（身体的なリズムの共

鳴）を誘発するものだとされる（小川 2010b：81）。小川は、たとえつくるモノは子どもそれぞれで異なっていたとしても、より多くの幼児がつくるという動作で同調できれば、見立てを共有することにも通じるとし、「たとえば同型のモノを一緒につくるとお店やさん［のごっこ遊び］に発展しやすいのは、このノリの同調とともに見立てが共有されるから」だという（小川 2010b：81）。

　一般的に「ごっこ遊び」は、実物ではないものをあたかも実物であるかのように扱うことで成立すると捉えられよう（例えば、丸めた新聞紙を刀に、三角のボール紙をピザに見立てるようにである）。しかし、小川は、ごっこ遊びの始まりを「つくる活動」に見出しており、「つくるということがごっこのイメージ世界をつくっていく」としている（小川 2010b：115）。例えば、お寿司屋さんごっこをしようという子どもたちは、寿司屋のネタをつくるだけではなく、実際の寿司屋の佇まいを再現しようと暖簾をつくったり、保育者の力を借りて寿司屋の大将がつける半纏をつくろうとしたりする。こうしたごっこ遊びの、いわば前段階と捉えられる「つくる」活動の時間は「遊びの準備期間ではない」（小川 2010b：115）。ごっこ遊びは、子どもがモノの見立てを試み、ごっこ遊びに使う道具をつくっている間にも既に始まっているのである。小川によれば「つくる活動に参加することは、自らつくったモノを自分が願っているモノに見立てることであり、つくる活動こそ見立ての土台」だとされる（小川 2010b：81）。「室内遊びにおいて基本的な行為はつくる活動」なのであり、「つくることを何か

に見立て命名することが常に大切なことであり、つくって見立てるということで幼児同士に共有されることが重要なのである」（小川 2010b：81）。彼にとって、子どもが何かをつくること（製作活動）は、モノの形を変えることにとどまらない。つくることは見立てることと連続するものとして捉えられており、それゆえに「ごっこ遊び」につながるものと考えられている。子どもが何かをつくること（製作活動）を小川が特別視しているのは、何かをつくり、見立てることが、子ども同士の"ノリ"を合わせることにつながっていくからである。

　小川は、上記のような、つくる活動を端緒として「保育室が、一つの遊び環境になる」ようにするには、「保育者がつくるという活動においてモデル性を発揮すること」が必要だとする（小川 2010b：81）。つまり、子どもにとって親しい関係性を構築した保育者が、実際に何かをつくること、つくっている姿を子どもに見せることには、子どもをつくる活動へと誘うという意図があるのである。小川は、つくる活動において保育者は「表現者になる」とし、保育者のパフォーマンスがモデルとなることに自覚的でなければならないという（小川 2010b：83ff.）。ここで、保育者のパフォーマンスがモデルとなるということは、例えば、高度な技術によって子どもが「すごい」と思うモノをつくることを必ずしも意味しない。むしろ、幼児がまねることができないような、巧みな製作物は好ましくないものとされている。重要なことは、保育者のつくる姿に、子どもが魅了され、つくるという動作に誘われていくことなのである。

小川は次のように、〈何かをつくる保育者の姿がかっこいいから一緒につくってみたい〉と子どもが感じるようにするべきだと強調している（小川 2010b：82f. 傍点原文）。

　　保育者の［製作］活動は、幼児ができそうにないモノをつくって見せることではないのである。保育者がつくっている姿がかっこういいから、私も先生と一緒につくってみようという形で幼児を誘うことが必要なのである。幼児たちのあこがれは単に先生が好きだということでも、先生がつくったものがすてきだというのでもなく、先生がつくっている姿がかっこいいでなくてはならない。これを筆者は保育者が表現者になることだといっている。

　小川にとって、保育者がパフォーマンスを自覚的に行う姿、表現者としてモデルとなるというのはどういうことなのだろうか。小川のいう「表現者」としての保育者は、自らの振る舞いが子どもに影響を与えることに対して自覚的であり、パフォーマティブに、演技的につくる活動に没頭している（かのように見せている）。上述の小川のいう「表現者」としての保育者の姿が示唆しているのは、保育者のパフォーマンスに触発される子どもの遊びはさまざまであって構わないということである（必ずしも同じモノをつくる必要はないが、「つくる」という行為に誘われればよい）。以下では、保育室内における「つくる」行為とその発展を触発する環境設定、遊びのコーナーの配置が、どうなされ

るべきだとされているのかを見てみよう。

(2)「見る⇄見られる関係」を創出する室内遊びのコーナーの設定

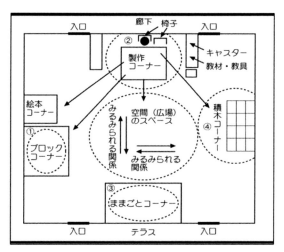

図1 保育室環境図
(小川 2010a：147)

　図1に示したような、製作コーナーを含む保育室内のコーナー設定のポイントは、(子どもにとっての精神的な安定の拠り所である) 保育者があまり動き回らないようにするとともに、保育者が子ども全体を見通せる位置にいて、子どもを見ることができるということである。このために、保育室内のコーナーを設定する際にまず決めるべきは、「製作コーナー」の位置である。小川は「保育者が最終的に目指すべきことは、製作コーナーに保育者が席を置くことで、

このスペースが安定し、保育者のモノづくりの姿勢にあこがれることで、各々の幼児が自らのモノづくりや、それを通して幼児同士のコミュニケーションが成立し、保育者は幼児一人ひとりへのかかわりをしなくてもよい状況がうまれることである」と述べている（小川 2010a：154）。小川は、これを可能にするための理念的な保育室内のイメージを示しながら、保育室の中で、保育者は、子どもらの動線とぶつからぬよう、壁を背にして「製作コーナー」に位置するべきこと、そして、その位置を、保育室全体を見通せる中心的な地点として設定することを求めている。

　この①〜④の複数の遊びの拠点としてコーナーの間、室内中央に設定された空間（広場）は、製作コーナーにいる保育者が「観察の目」をもって各コーナーで遊ぶ子どもの様子を見ることを可能にしている。製作コーナーにいる保育者は「かかわりの目」で製作コーナーにいる子どもと関わりながら、同時に他のコーナーに対して「観察の目」を向けて保育室全体を見渡している（図中の、製作コーナーから放射状に伸びる矢印は、「観察の目」が、複数の遊びの場に向けられていることを示している）。保育者が保育室全体を見渡す場所が製作コーナーであるのは、子どもがそれぞれ製作コーナーに常備されている素材や道具を使って、自分だけの活動（つくるという活動）を展開しやすい場であり、保育者が「かかわりの目」から「観察の目」へと変換することが他のコーナーよりも容易な場所だからである。製作コーナーに保育者がいることと、中央に空間があることで、遊ぶ子ども同士が接触し合わないという安全

を保障するとともに、保育者が必要に応じて子どもの遊び
に対して「適時・適切な援助をする」ことが可能となって
いる（小川 2010a：131）。

　さらに、この保育室中央の空間（広場）は、他のコーナー
を互いに見合うという子ども集団同士の「見る⇄見られる
関係」を生じさせる場でもある。子どもの集団同士(遊びの
拠点たる各コーナー間)の「見る⇄見られる」関係が「遊
びのにぎわい感」を生むことにつながる（小川 2010a：148
傍点原文）。

　　［保育室において幼児の遊びがどのように展開するの
　　が望ましいかを考えると］保育室全体として、幼児の
　　遊びのにぎわい感が生まれることが望ましい。これを
　　筆者は、幼児の遊び空間の"盛り場性"とも呼んでい
　　る。その条件としては、異なった種類の遊びの拠点が
　　生まれることである。しかも、その各々の遊びのグ
　　ループが相互に視覚的に弁別され見る－見られる関係
　　が生まれることで、遊びグループが的確に区別される
　　ことである。そしてそのためには、保育室が広く利用
　　され、それぞれの遊びの拠点が、壁面を背にして設定
　　されると共に、部屋の中央が空間として設定されるこ
　　とである。

　保育室の「中央の空間」は、子どもが自分自身の居場所
としている遊びの拠点以外の遊びの拠点で何がなされてい
るかを、相互に見わたすことを可能にする。同時に、自分

第 2 章　小川博久の保育者論　　71

自身が居場所とする遊びの拠点が、他の拠点にいる子ども
や保育者から見られうることも意識させる。この効果につ
いて、小川は次のように述べている（小川 2010a：150 傍
点原文）。

　　　このこと［保育室中央の広場を介して見る－見られる
　　関係が成立すること］は、各々の拠点の遊びグループの
　　凝集性を見る－見られるという関係によって強化する
　　ことにあり、自分のグループへの所属意識が高まって
　　くる。それとともに、各々のコーナーのいずれかが遊
　　びとして盛り上がれば、その遊びを観察学習するチャ
　　ンスも増え、それが次の遊びへのモチベーションも形
　　成する。つまり、幼児たちの間には、どこに何があっ
　　て、自分はどこに所属して何をしているのかの自覚を
　　高めることになる。

　つまり、「中央の空間」の存在は、子どもにとっての居
場所となる遊びの拠点であるコーナーへの帰属意識を醸成
することに寄与する。同時に、他の遊びの拠点であるコー
ナーでの遊びの盛り上がりを感じ取らせるために空けてお
かなければならない空間なのである。「中央の空間」で、子
どもたちの視線が交錯することにより、「観察学習」が生起
するのである。
　例えば、前掲の図１において、④の積み木コーナーにい
る子どもにとって、②の製作コーナーや③のままごとコー
ナーの遊びの盛り上がりは、中央の空間の有無と関係なく

隣り合っているため強く感じ取られるだろうが、反対の位置にある①のブロックコーナーの遊びの盛り上がりは、中央に空間があって見通しがきかなければ感じ取ることは難しいだろう。④の積み木コーナーにいる子どもにとって、①〜③の他のコーナーにいる子どもの存在は、自らの積み木遊びを見せる相手であると同時に、遊びを展開させるきっかけであり、観察学習の対象でもある。このように、保育室内において子どもの遊び集団間、コーナー同士に生じる「見る⇄見られる」関係は、子どもの遊びのモチベーションを高め、遊びへの関心を深めるものである。

　もちろん、小川は、上述のような遊びのコーナーの設定のみで、自動的に、子どもの遊びのモチベーションが醸成されるとは考えていない。保育者による援助として、遊びの行き詰まり感、盛り下がりを保育者が察知して、遊びの拠点を維持しながら発展するような働きかけを行うことが必要である（小川 2010a：150ff.）。

　なお、保育者が援助行為のために、製作コーナーを離れる時には製作コーナーの「遊びの状況の診断」、「その場の幼児たちの遊びの状況を直観的なイメージとして把握しておくことは欠かせない」（小川 2010a：154）。それというのも、他のコーナーを見て回っている間に、製作コーナーにおいて保育者不在の間に遊びがどう変化したかの判断をする材料になるからである。ある遊び拠点であるコーナーから別のコーナーが見通せるように、コーナーの設定をしておくこと（中央に空間を通じて、遊びのにぎわい感を生むようにすること）は、ここでも重要な意味を持っている。

第 2 章　小川博久の保育者論　73

つまり、コーナー間が互いに「見る⇄見られる関係」にあり、互いの視線が交錯するような状況にしておけるからこそ、保育者がコーナーを移動しても、製作コーナーにおいて発揮するのと同様の効果を持たせることができるのである。保育室内におけるコーナーの設定は、個々の子どもの興味・関心に即した遊びの展開可能性を考慮したものであると同時に、「見る⇄見られる関係」を生じさせる効果を持っている。「見る⇄見られる関係」は、子どもの精神的な安定を担保すると共に、遊びの演示による展開の可能性をひらくものである。子どもにとっては、親しい関係にあるかのように感じられる保育者を必要なときに見たり、他の遊び拠点にいる子どもの様子を感じ取ったりすることができるし、保育者にとっては、自分に向けられる子どもからの視線を感じ取ることができるのである。

5. 空間デザイン論としての保育方法論

　小川の「遊び保育論」として知られる保育方法論において非−援助的側面が内包されていることを確認してきた。小川が「観察者」としての保育者について語ったことは、保育所等の施設においては子どもの集団を対象に保育が展開されるという事実を踏まえたものであり、子どもの集団の中で生じる関係性を把握し、援助が必要であるかどうかを見極めることに時間と労力を割くことの意義を示したものである。

　子どもの集団を前にしたとき、「一人一人の子どもを大切にする」という理念は擬制の上でしか成り立たないと小

川が述べるのは、現実の保育実践においては、保育者と子どもとの関係は「一対多の関係」とならざるをえないからである。同時に数十人もの子どもと関わる以上、その一人一人と同じように接するなど到底できない。だからといって、小川は、子ども一人一人を尊重せずに蔑ろにし、"かたまり"として見よと言っているのでもない。小川が「擬制」として語ったのは、子どもにとっては〈この保育者は、他ならぬ私を見てくれていて、私のことをケアすべき対象として受けとめてくれている〉と感じさせることの必要性である。なぜこのような「擬制」が必要なのかといえば、子どもの遊びを駆動するのは、親密な関係にある人への模倣欲求、その人の行為を真似てみたいとあこがれることだからである。

　保育者は、子どもからの視線を感じながら、演技的に振る舞ってみせることで、あたかも、子ども一人一人と親密な関係を構築しているかのように子どもたちに思わせるのである。この演技的な振る舞いとは、例えば、舞台上からアイドル歌手が観客たちに視線を投げかける行為であり、その視線を感じた観客一人一人が、アイドルと自分との間に、特別親密な関係が生じたかのように感じる（思い込む）のと同じような意味で、(実際には) 一方的に感じ取られる親密さを特徴とする。それゆえに、「擬制」としての一対一の関係は、非対称的な関係なのである。

　上述の通り、実際には非対称的ではあるが、子どもにとっては親密な関係にあると感じ取られる保育者が、子どもにとって目新しく馴染みのないモノを扱う行為（何かをつく

第 2 章　小川博久の保育者論　　75

る活動）に向かうことが、子どもが遊びへと向かう原初的なモチベーションとなると小川は考える。モノを扱う行為（何かをつくる活動）は、個人で始められるものだが、手を動かす動作がつくりだすリズムは、他の子どもに同調性のノリ（身体的なリズムの共鳴）を誘発させ、モノを見立てるごっこ遊びへと展開していく。こうした特徴を有するがゆえに、小川は保育室内の環境構成上、製作コーナーを全体が見通せるように配置しており、そのような一望可能な地点に保育者がいるべきだとした。

　製作コーナーにおいて保育者は、製作コーナーに来た子どもたちに「かかわりの目」で援助する必要があるが、これは一時的なものであり、基本的にモノを扱う行為に没頭しているように演技的に子どもたちに見せながら、「観察の目」で他のコーナーにいる子ども、園庭にいる子どもをも見わたしている。つまり、必要最低限度の援助は行うものの、基本的には非－援助的な関わり、観察者として子どもの集団の中での遊び、遊びに参加する子ども同士の関わりに目を向けている。

　加えて、保育室中央に、モノが置かれない開けた空間があるのは、保育者が子どもを見るのを可能にするためだけではない。保育室中央に空間があることで、コーナー間が互いに見通せるようになっているのは、子ども同士に「見る⇄見られる」関係を生じさせるための工夫でもある。これによって、自分の遊びの拠点であるコーナー以外で、どのような遊びがなされているのかが見通せるようになり、子ども間の相互的な遊びの観察学習が生じ、次の遊びへの

モチベーションの高まりを促すのである。

　以上のように、小川の保育方法論上の要に位置づけられているのは、保育者が「かかわりの目」と「観察の目」とを自在に変換できることである。保育者は援助しつづける（子どもに関わりつづける）のではなく、むしろ、援助することから距離を持ち、援助が不必要な状況をつくりだせるようにしなければならない。子どもの遊び集団において生じるグループダイナミクスを捉えるには、保育者が任意に静止状態に入ることが求められているのである。それに適した場所が保育室にいては製作コーナーだとされたのであった。

　本章が描き出したような小川に対する見方からすれば、PDCAサイクルを先取りし、保育者の指導性を強調した人物というような、先行研究における小川に対する評価がいかに一面的なものであるかは、もはや明白であろう。小川が追求した保育者における非－援助的な側面、保育者が子どもに関わる必要のない状態についての考察は、子どもに関わること・関わり続けることを是とする（保育学において支配的な）言説とは一線を画すものである。静止している保育者が見て取る子ども集団の様態、関わりの中で遊ぶ子どもたちについて小川が切り拓いた道を進むことで、オルタナティブな保育実践の方略が模索されるはずである。

　小川は、保育者の専門性の核心を、子どもに対する「目」に見た。保育者が、子どもを見る視点を複数有すること、それは保育者が子どもに対する関わり方の方略を複数有することなのである。小川にとって、子どもを「見る」こと

第2章　小川博久の保育者論　　77

は、子どもへの援助行為そのものだったのである。そのことは、逆にいえば、保育者にとっては、子どもが「見える」状態を常に維持しておく必要があるということである。小川・佐伯論争で焦点となった、子どもの未来への「予想」の前提には、保育者にとって、子どもが常に「見える」ということがあったのである。

—— 第 2 章の文献 ——

芦田宏（2013）「小川博久著『遊び保育論』」『教育方法学研究』38

岩田遵子（2007）『現代社会における「子ども文化」成立の可能性：ノリを媒介とするコミュニケーションを通して』風間書房

小川博久編著（2001）『「遊び」の探究：大人は子どもの遊びにどうかかわりうるか』生活ジャーナル

小川博久（2005）『21 世紀の保育原理』（新訂）、同文書院

小川博久（2010a）『保育援助論』（復刻版）、萌文書林

小川博久（2010b）『遊び保育論』萌文書林

小川博久（2013）『保育者養成論』萌文書林

小川博久（2020）『現代の教育にどう取り組むか：保育・子育てへの展望』わかば社

小川博久・岩田遵子（2009）『子どもの「居場所」を求めて：子ども集団の連帯性と規範形成』ななみ書房

小川博久・岩田遵子編著（2023）『めばえ幼稚園の保育実践：幼児たち自ら共に生き抜く力を育む場として』ななみ書房

『小川博久 保育・教育理論集成』刊行委員会（2023）『小川博久 保育・教育理論集成』ななみ書房

中山昌樹・小川博久編（2011）『遊び保育の実践』ななみ書房

久富陽子・梅田優子（2016）「保育における援助」日本保育学会編『保育のいとなみ：子ども理解と内容・方法』（保育学講座 第 3 巻）、東京大学出版会

吉田龍宏・渡辺桜編著（2014）『子どもも保育者も笑顔になる！ 遊び保育のための実践ワーク：保育の実践と園内研究の手がかり』萌文書林

レイヴ・ウェンガー（1993）『状況に埋め込まれた学習：正統的周辺参加』佐伯胖訳、産業図書

第 3 章

佐伯胖の保育者論

1.「子ども理解」を超えて

　本章では、佐伯胖による保育者の専門性観、特に子ども
に対する倫理的態度に関する認識を明らかにする。佐伯は、
子どもに向き合う保育者の姿勢を「見る」と表現する。小
川も子どもを「見る」ことを保育者の専門性として位置づ
けたが、佐伯にとっての「見る」ことは、小川のそれとは
全く異質である。

　佐伯が、子どもへの保育者の向き合い方を「見る」と表
現しているのは、小川・佐伯論争の中でも触れられたよう
に、子どもを「理解」することの困難に由来する。佐伯に
とっては、子どもを「理解」しようとする態度は、保育者
が子どもに対する振る舞いを抑圧的なものにしかねない。
それは、子どもへの「理解」を前提として、子どもの未来
の振る舞いを「予測」しようとすることも同断である。子
どもを「理解」しようとせず、それでもなお、子どもの傍
らに共存するためには、保育者にはいかなる専門性、倫理
が求められると佐伯は考えていたのだろうか。

　佐伯は、いわゆる「ドーナッツ論」（本章で後述）を通
して、学び・発達の構造を提示した認知心理学者として一
般的に認識されている（須永 2013）。学び・発達の「ドー
ナッツ論」に関連した先行研究は既に複数存在しているが、
それらは、佐伯の「見る」論と「ドーナッツ論」を一体的
に捉え、彼の思想をトータルに把握しようとするものでは
ない。加えて、佐伯の所論の理論的背景、根本的なモチー
フにまで遡及して検討を試みた研究も存在していない。

　例えば、阿部学は、「学びのドーナッツ論」を実践に応

用したとされる実践例が示されていることに対して、それらにおいては「学びのドーナッツ論」で使用される「文化的実践」の定義ないし位置づけが曖昧であり、曲解される可能性があると批判している。阿部は、佐伯のいう「文化的実践」が「よさ」を追求することであることを引きながら、「万人にとって『よい』ことは多様」であり、「国、宗教、地域、性別、年齢、気分などによって何が『よい』ことなのかは異なるはず」だから、「実践の舵取りを担わなければならない教師には、どのようなものが『文化的実践』として理解されるのだろうか」と疑問を呈しているが（阿部 2012：45）、「文化的実践」という佐伯のキー概念が、どのような理論的背景に立ちながら提示されたものなのかについての検討は行われていない。加えて、阿部が指摘する、「よさ」を追求することとしての「文化的実践」の定義の曖昧さ（「よさ」の定義不可能性）については、本章が指摘するように、佐伯が参照する教育哲学者村井実の議論を見ることで、なぜそれが定義不可能であるのかが明らかになるはずである。

　一方、白石昌子は、「ドーナッツ論」を、幼児教育の場における保育者－子どもの関係性を記述する際の概念として援用している。白石は、福島市内の公立幼稚園児が参加した和太鼓のワークショップでの保育者と子どもとの関わりを、佐伯の「ドーナッツ論」に基づいて分析することを試み、「保育者のかかわり方でいちばん目立ったのは、幼児に寄り添って幼児の行為を認めること」であり、「幼児と一緒になって太鼓を叩くこと、幼児の出した大きい音に一緒

になって驚いた様子をしてみせることなどは、佐伯の言う
YOU的かかわりである」という結論を導いている（白石
2015：74）。白石のように関係論として「ドーナッツ論」を
捉える見方は、佐伯の「ドーナッツ論」の根本的なモチー
フである、「発達のプロセスの素描」という側面を捨象し
たものであり、極めて一面的な捉え方だと言わざるをえな
い。佐伯は「学びのドーナッツ」として提示した図式を、
保育論において「発達のドーナッツ」と言い換えているよ
うに、「ドーナッツ論」は、保育者と子どもの関係論として
ではなく、あくまで発達論として提示された概念だからで
ある（本章で見るように、佐伯の発達観は、関係的発達観
とも言うべき性質を持つため、このような誤解が生じたと
考えられる）。そして、後述していくように、佐伯にとって
子どもの「発達」は、子どもを「見る」人と見られる子ど
もとの間で生じる相互作用的現象であり、この現象が生じ
る構造を模式的に図示したものが「ドーナッツ論」なので
ある。本章において、佐伯の言う子どもを「見る」ことの
意味を明らかにするのは、上述した先行研究に見られる佐
伯の「ドーナッツ論」に対する一面的、あるいは表層的理
解を打破しつつ、彼の根本的なモチーフ、保育思想に肉薄
するためである。

　既に述べたように、佐伯のいう子どもを「見る」ことは、
一般的に保育の方法、および保育の計画の前提としての「子
どもを理解する」こととは本質的に異なるものである。つ
まり、佐伯の所論を検討することは、現在における一般的
な保育計画論、保育方法論の前提を問い直し、再考するこ

84

とに繋がる。

　保育者にとっての子どもは理解の対象と捉えられている。例えば、2017年改訂幼稚園教育要領解説においては「幼稚園における指導は、幼児理解に基づく指導計画の作成、環境の構成と活動の展開、幼児の活動に沿った必要な援助、評価に基づいた新たな指導計画の作成といった循環のなかで行われるものである」とされており（文部科学省2018：104 傍点引用者）、子どもを理解することが保育を行う前提だとされている。子どもを理解することが保育を行う前提にあるというのは、保育を具体的に計画する段階において、既に子どもが理解できていなければならないという意味である。幼稚園教育要領解説においては「指導計画の作成では、一人一人の発達の実情を捉え、それに沿って幼稚園生活を見通すことが基本」であるとされ、「真の意味で発達を理解することは、それぞれの幼児がどのようなことに興味や関心をもってきたか、興味や関心をもったものに向かって自分のもてる力をどのように発揮してきたか、友達との関係はどのように変化してきたかなど、一人一人の発達の実情を理解すること」だと説明されている（文部科学省 2018：100）。つまり、保育を具体的に実践するための指導計画は、子どもの「発達の実情」を「理解」して初めて立てられうるものなのであり、子ども理解は保育実践の大前提なのである。

　幼稚園教育要領解説にもあるとおり、子どもを理解することには、子どもがどのような遊びをしているかという活動の実態把握だけではなく、子どもの内面、興味・関心に

ついて把握することも含まれる。例えば、文部科学省刊行の資料集『幼児理解に基づいた評価』においては、幼稚園教諭を念頭に、「教師は幼児と生活を共にしながら、その幼児が今、何に興味をもっているのか、何を実現しようとしているのか、何を感じているのかなどをとらえ続けていかなければならない」とされている（文部科学省 2019：3）。それというのも、幼児への教師の関わり方は「幼児を理解することによって、初めて適切なものとなる」のであり、「幼児を理解することが保育の出発点」だからである。ここでの幼児理解の対象は、子どもの「興味」であり、「実現しようとしている」意図であり、「何を感じているか」という感情であり、いずれも不可視のもの、さらに言えば子どもの内面である。幼児理解とは、具体的には、幼児の「内面」を理解することを意味しているということである。同資料集では「表面に現れた幼児の言葉や言動から、幼児の内面を理解することは、幼児の心を育てることを重視する幼稚園教育にとって欠くことのできないもの」とされている（文部科学省 2019：35）。つまり、幼稚園教育が重視する教育の対象が、幼児の「心」という内面である以上、その教育を促進するためには、幼児の「内面」を理解することが必須となるのである。ここでの「幼児理解」とは、幼児の内面理解に他ならず、幼児の内面とは、幼稚園教育が育てようとしている対象のことである。幼児教育において内面の理解が必須の要素だとされるのは、その内面こそが、教育の対象であるからに他ならない。

　ただ、当然のことながら、内面それ自体は不可視である。

内面は、それが言葉や、幼児の身体というメディア（媒体）に「表現」されたものを介して初めて理解されるものとなる。「幼児の内面」とは、言葉だけではなく、「表情や動きといった身体全体で表現」される「瞬間的なもの」において現れる。それゆえに、「身体全体で幼児に触れ、その思いや気持ちを丁寧に感じ取ろうとする姿勢をもつこと」、つまり内面が、外面に瞬間的に表現される場面を、ぬかりなく「感じ取」る感性、あるいは感受性が保育者には求められることになる。「もともと他人の内面を完全に理解することは難しいこと」であるため、「幼児の気持ちを一方的に決め付けたりせずに、『こんな気持ちだろうか』『これは〇〇のためだろうか』などいろいろ考え、幼児の気持ちに少しでも近づいていきたい」と述べられている（文部科学省 2019：35）。幼児の内面、ここでいう「気持ち」は、不断の推論的解釈の試みの結果として、常に予測的・仮定的に理解されるものなのである。

　以上に示した通り、幼児理解とは幼児の内面を理解することであり、それは幼児の言葉だけではなく表情や行動から幼児の気持ちを解釈的・予測的に想像すること、外面・表面に、言葉や身体表現という形で可視化された行為・事実から、目には見えない内面を、遡及的に推し量ることを意味しているのである。つまり、幼児理解とは、目に見える幼児の外面（表情・行動・子どもが発した言葉）から、目には見えない幼児の内面（気持ちや興味・関心、行動の意図）を解釈することなのである。幼児の内面（気持ち）が不可視のものである以上、それを完全に理解することは

困難だが、それでもそれを理解すること、あるいはより増しな理解を得ようと努めることが望ましいこととして語られており、保育者には、そのような幼児の内面を推し量り続け、より妥当な解釈を探ることが態度として、あるいは倫理として求められることになるのである。

　以上に示したような「幼児理解」に関する言及からも明らかであるが、子どもに対する理解は、具体的には子どもを「観察」することを通じてなされる。保育者は、子どもが何で遊んでいるか、どの子どもと一緒にいるか、どのような表情をしているかなどの子どもの様子から、子どもの今の興味・関心を捉えようとする。つまり、理解の対象は、子どもの興味・関心なのであり、それは、それ自体としては不可視のものである。子どもの内面に潜在的に存在している対象を、外面から推測すること、これが子どもを「理解」することだとされているのである。子ども理解の際、行動や言動など、可視的な外面に注目することが重視されるのは、それが子どもの内面の表れ、いわば表徴だと見なされているからである。子どもの内面と外面を操作的に区分した上で、外面を内面の表徴として位置づけることが、幼稚園教育要領のみならず保育所保育指針等、ナショナルカリキュラムにおける子ども理解の前提となっているのである。言い方を変えれば、要領・指針等における子ども理解とは、子どもの「心」を「読む」ことなのである。

　ところが、本章が注目する佐伯にとって、子どもを「見る」ことの対象は「心」ではない。さらに、子どもを「見る」ということは、「読む」こととは異なる行為である。「見

る」ということは、子どもの様子について観察し、子ども
が見せる様子の要因を、子どもの内面にあるものとして推
測したり、解釈しようとすることではない。つまり、「見
る」ということは、子どもの外面から、内面を遡及的に捉
え直そうとすること、あるいは再構成しようとすることで
はない。つまり、佐伯の「見る」論は、幼稚園教育要領・
保育所保育指針等における既存の子ども理解論からはみ出
る部分を有している。佐伯は、子どもを観察する仕方につ
いて、「見ている側だけに限定された出来事」として「見
る」という行為が捉えられてしまっていることを批判する。
佐伯にとって子どもを「見る」ことは、「実は、『見られて
いる側』に対し、ある種の働きかけ（見なし）をしている
ことであり、『見られている側』になんらかの『影響』を及
ぼすこと」である（佐伯 2014：16）。佐伯が、子どもを観
察し、その原因として子どもの内面を解釈することをなぜ
批判しているのか、佐伯のいう「見る」ことはいかなる振
る舞いであるのかについて、見ていこう。

2．子どもを「見る」という態度
（1） 子どもを「見る」こと、子どもが「見えてくる」こと

佐伯は「保育で保育者が子どもを『見る』とき、保育者
がそれを自覚しようとしまいと、子どもに対してある種の
権力（一方的に相手を支配する力）を行使している」と述
べている（佐伯 2014：18）。ここでいう権力行使とは、前
節において述べた通り、「見る」ことそのものが見られる側
に何らかの影響を与えることを指す。見られる側に対する

見る側からの影響は、保育者が子どもを「見る」という行為においても発生するという。保育者が子どもを「見る」とき、子どもの「見られない権利」「見せない権利」を侵害してしまう可能性は否定できないのである。佐伯は子どもを「見る」ことが、子どもの「世界」に対する侵犯的行為になりかねないことを指摘して、次のように警鐘を鳴らす（佐伯 2014：19）。

　　子どもには「見られない権利」、「見せない権利」も
　あることを忘れてはならない。子どもには「隠れ家」
　が必要である。「誰にも見られない世界」が必要なので
　ある。「他者の目」を一切忘れていい、自分だけの世界
　が必要である。否、むしろ、すべての人間には、そう
　いう世界が必要で、そういう世界をもつ権利がある。
　そういう権利を、保育という名の下に侵していいわけ
　がない。

　上に挙げた文章からは、佐伯が子どもを「見る」ことそのものを批判しているように思われるかもしれない。しかし、彼は「『見る』という行為が、つねに見られている側への配慮のもとで行われていると、ものごとが『向こうから見えてくる』」としており、保育者にとって重要なのは「見ようとして見ることではなく、見えてくることを、見逃さないこと」だと述べ、大人と子どもの〈見る／見られる〉という固定的な関係性の捉え方に異議を唱えている（佐伯 2014：20）。つまり、佐伯は、見られている側への配慮の

90

下で子どもを「見る」べきであり、それによって子どもは「見えてくる」と述べている。「見えてくる」という状態において、大人が見ることの主体であり、子どもはその客体、「見られる」という受身の状態に常にあるというような、常識的な把握は既に不可能になっている。大人が求められる配慮とは、「見る」という行為が、保育者のイニシアティブによって始められるのではないということ、子どもは「見せる」主体でもありうるのであり、その子どもの主体性を受けとめることが「見る」ことの核心にあるということを、十分に自覚していることである。大人の「見よう」とする主体性と、子どもの「見せる」主体性の絡み合う場において、子どもが「向こうから見えてくる」という状態が生起するのである。

　子どもを「見る」ことにおいては、「見る側」は、「見られている側」に対して、「自分が必要以上に他人の行動を解釈したり、ラベルを付け」たりする「解釈の落とし穴」に陥るのを避けることが必須となる（佐伯 2014：22f.）。つまり、子どもという他者の行動を「解釈」することは、必要最小限に留められなければならない。保育者が子どもを「見る」ときには、自分の解釈が誤りを含みうるものとして常に問い直す回路を確保しておく必要がある。過剰な「解釈」を自制して、目の前の事実からわかる範囲で状況を見定めるようにすれば、子どもが見えてくるのである。なぜ、「見る」側としての保育者が、自らの解釈の可謬性に自覚的でなければならないのかといえば、自らの解釈の誤り、あるいは行き過ぎが、子どもが自身を「見せる」ことへの妨

げとなると同時に、子どもの「見せる」主体性を「見」損なう危険性に、保育者は常に意識的でなければならないからである。

（2） 子どもの内面を解釈することの落とし穴：子どもの心を「説明」することの危険性

見る側が見られている側へ配慮すること、つまり、必要以上に他人の行動を解釈したりラベルを付けたりすることを避けるということが、佐伯において、子どもが見えてくるように子どもを「見る」ことの前提であった。逆に言えば、私たちは必要以上に他人の行動を解釈したいと欲しているし、解釈してしまっていると佐伯は指摘しているのである。それはなぜなのであろうか。彼は、子どもの行動の不可解さと関連付けて、こう述べている（佐伯 2014：20f.）。

　　子どもの行動はときに不可解である。突然乱暴な振る舞いをしたかと思うと、妙におとなしくなったりする。人なつっこくつきまとってくるかと思うと、さっといなくなってしまう。深刻に悩んでいるのかなと思っていたら、けろっとしていたりする。
　　そういう子どもの不可解な行動に対し、保育者はなんとか「説明」をつけたくなる。しかも、本人の「心の中」のことを原因とみなす説明をしたがる。「きっとあの子は〇〇と思っているから、ああなのだ」というように。「きっと、あの子は欲求不満なのだ」、「きっと、あの子はさびしがっているのだ」、「きっと、あの

子のお母さんがつめたいからだ」などというのもある。

　私たちが他人の行動を（その人の心に原因を見出して）解釈するのは、他人の行動の不可解さを「説明」することで安心したいからであろう。不可解さに戸惑いや不安を覚え、それを「説明」することによって納得し、戸惑いや不安を取り除きたいと欲するのは、あくまで大人の側の動機なのである。しかも、こうした解釈は一度できあがってしまえば、なかなかその枠組みから抜け出ることが難しい。その枠組み、「説明」の仕方からのみ、子どもを捉え続けることになってしまいがちである。それのみならず、そのような解釈は、子どもの行為に対しても制限的に働く。佐伯は「他人を『解釈』することは、他人の行為になんらかの変更や制限を与えること」であり、「場合によっては、人間としての尊厳を傷つけることもありうる」としている（佐伯 2014：22）。彼は、子どもの言動を受け取り手が勝手に解釈するのではなく、一人の人間の訴えとして真摯に受け止めるべきだという（子どもと保育総合研究所編 2013：30）。つまり、このような安易な「説明」による納得は、大人の側の子どもに対するまなざしを狭隘なものにするのみならず、そのことによって、子どもの側の行為の可能性に対しても制約的に作用しかねない。この危険性を捉えて佐伯は、「必要以上に他人の行動を解釈したり、ラベル付け」をしたりすることは「解釈の落とし穴」に嵌っているのだと批判している（佐伯 2014：22）。そして、その「説明」「解釈」というラベルは、子どもの「心の中」に貼り付けられるの

である。「心の中」に貼り付けられたラベル、つまり保育者の解釈は、それが正しかろうが、誤っていようが、保育者の子どもに対する「見る」姿勢を損なう。佐伯の「見る」対象が「心の中」ではないのは、子どもの「心」に貼られたラベルは、取り除くことが極めて難しいからだと彼が考えているからではないだろうか。つまり、「心の中」を「解釈」しようとすることは、子どもが「見せる」ものに対する保育者のまなざしを、ひどく曇らせてしまうのである。

　以上のように、佐伯にとっての子どもを「見る」ことは、子どもの「心」を読みとり、子どもの行動を「解釈」することではない。子どもが、自らを「見られたくない」という思いを抱くことの根底には、自分自身の行為の自由や可能性を保持したいという欲求があるのである。見られている側への配慮（子どもの「見られたくない」「隠したい」という思いを尊重する態度）の下で子どもを「見る」とき、「子どもが『見せたがっている』ことが見えたり、『見せたがっていない』ことが見えたり、『これは、なにか（大事なことが）あるな』と思われることが、目に飛び込んでくる」のである（佐伯 2014：20）。つまり、「見える」という状態は、保育者が「見よう」と意図したからといって生起するものではない。かといって、保育者は「見えてくる」まで、ただ拱手傍観、無為に眺めていればよいわけでもない。つまり、子どもが「見えてくる」という事態は、能動性・受動性という二項対立によっては捉えられない、中間的な状態なのである。

　それでは、佐伯にとって、子どもにとって「『これは、な

にか（大事なことが）あるな』と思われること」が見える
というのは、どういうことなのであろうか。子どもが見え
るように「見る」場合、私たちは一体何を見ていると佐伯
は考えているのであろうか。

３．子どもの「善さ」を「見る」

　子どもが見えるように「見る」とき、私たちは一体何を見
ているのか、という問いに答えるためには、子どもを「見
る」ことと、子どもの「発達」との関連を確認しなくては
ならない。佐伯にとって子どもを「見る」ということは、
（子どもを見る側の大人が子どもに対して）「善くなっても
らいたい」という願いを込めてまなざしを向けることであ
り、子どもが子どもなりに「善さ」を追求する姿（「善く
なってもらいたい」という願いに応えようとする様子）を
見て取ることである（佐伯 2014：85）。子どもが子どもなり
の仕方で「善さ」を追求し、その主体的な努力の結果とし
て、子どもが自らを変容させてゆくことを、佐伯は「発達」
と捉える。つまり、子どもが見えるように子どもを「見る」
ときに、私たちが見ているのは、子どもなりの「善さ」を
追求する姿、子どもが「発達」しようとする姿なのである。
　佐伯にとって、子どもの「発達」は、発達を「見る人」と
「見られる人」（通常は子ども）の「両者の相互関係として
立ち現れるコト」であり（佐伯 2014：84）、「『善くなってほ
しい』という期待をこめて子どもを『見る』大人と、その
ようなまなざしを感じ取りつつ、それを『自分なりに』捉
えなおして（時には大人の期待に挑戦しつつ）『応える』こ

とで、浮かび上がってくる（いわば、相互構成される）こと」である（佐伯 2014：160）。つまり、「善さ」の追求としての発達は、「善さ」を期待しつつ、「善さ」を子どもの中に見ようとする大人と、それに応じて、自らをより「善い」存在たらしめようとする内発的な努力を行う子どもとの相互作用として現れてくる、関係的事象だというのが佐伯の発達観である。

　大人と子どもとの相互関係として立ち現れる「発達」という佐伯の独特の捉え方は、彼における「文化」の捉え方と関係している。それというのも、大人が子どもに対して向ける、「善くなってほしい」という期待を込めたまなざしは、両者が属している文化的な価値に規定された「善さ」であるからだ。ただし、佐伯が強調するのは、子どもを「見る」場合、私たちは既に文化的な価値に依拠して子どもを見ているが、その文化的価値は究極的には未知のものだということである。佐伯はこう述べている（佐伯 2014：84f. 傍点引用者）。

　　　発達を「見る人」というのは、わたしたち大人である。通常は、親や保育者である。親や保育者は、物理学の実験でもするように、子どもを中立的に「観察」したりはしない。はっきり言って、子どもに「善くなってもらいたい」という願いをもって見ているのである。どうなることが「善くなる」ことかということは、わたしたちの文化における価値観や社会の慣習によってある程度は規定されるだろう。［中略］ここで

注意したいことは、「どうなることが善くなることか」
については、大人がすべてわかっているわけではない
ということである。わたしたちは、文化の実践者とし
て、道徳的な価値を問い直し、吟味し、再構成もして
おり、その営みには、子どもも「参加」しているので
ある。子どもの発達を「見る」ということは、そのよ
うな営みのなかで、そのような営みとして、子どもを
「見る」のである。

　私たちは子どもを「見る」とき、文化的価値に基づいて
「善くなってほしい」と願いながら、子どもにまなざしを向
ける。しかしながら、ここでの「善さ」は、常に未知のも
のであり、それゆえに、「見られている側」の子どもと共
に「見ている側」の大人が問い直し、再構成してゆくべき
ものである。それというのも、「『善さ』が既知であるとし
たとたんに、文化はその生成的・発展的な力を失い、形骸
化して衰退してしまう」からである（佐伯 2014：86）。「善
さ」も、その源泉としての「文化」も、共に未知なるもの
だと考えるべきなのである。
　ここで佐伯が言及している「善さ」は、村井実が『「善
さ」の構造』という著作で展開した議論をベースにしてい
る。村井は、人間が求める「善さ」とは特定の性質と対応
する何かではなく（それゆえに、「善さ」の実在が何かを探
ることには意味がない）、「善い」と判断する人間の内部の
基準、「善い」という判断がなされる構造を明らかにして
いる（村井 1988：293-316）。佐伯は、村井の同書における

「善さ」の探究に対して、「村井氏は『人はすべて善くなろうとしている』と規定しつつ、一方で、『善さ』は『定義できない』ともいう」とし、これに対して自身の考えを「佐伯は、『人は、なってよかった自分になろうとしている』といい、『なってよかった自分』はあらかじめわかっているものではないとする」立場をとっているとしている。つまり、「善さ」とは、不可知なものでありながら、そちらの方向へと人間の変容を駆り立てる動機として現れてくるのである。そのうえで、「どちらも［村井・佐伯の両者］、文化の中にすまいながら、『より善い自分』を、他者、社会、文化との出会いを通して、自主的に模索して生きてゆくことに、人間の成長や発達を見る立場である」と佐伯は述べ、村井と自らの共通性を指摘している（佐伯 2014：219）。「善さ」という不可知の動機に突き動かされながら変容し続け、その自らの変容の過程がどのようなものであり、どのようなものになりつつあるかを常に反省的に問いかける存在として人間を規定する見方は、村井と佐伯に共有された考えである。村井と佐伯の両者が「善さ」は定義不可能であるとするのは、「善さとは何か」という本質規定、「善さ」の実在を問うことを回避するためである。村井にとって「善さ」は子どもに内在するものではないが、子どもも含めた人々のあいだで「善い」と判断されるのはどういう構造を持つのかを解明することに力点が置かれている。つまり、「善さ」はあくまで関係的・構成的概念である。他方、佐伯にとって、「善さ」は子どもが文化的になる、文化的実践を経ながら変化している状態を示す語である。佐伯は、関係的

実践を文化そのものと捉えているから、佐伯も村井と同様に、「善さ」を関係的・構成的概念だと考えているといえよう。

　佐伯が「善さ」を未知のものだとしている点は、前節において言及した、個人の内面に原因を探って他人の行動の意味を「解釈」すべきではないと彼が批判している点と関連する。行動の意味を探るときの基準、「善さ」が既知のものであれば、解釈は分かれることも、間違うこともないだろう。自らの判断のありようを不断に問い直すためには、その解釈・判断の基準そのものの妥当性に迫ること、つまり、「善さ」とは何か、という問いに向き合う必要がある。子どもを「見る」とき、私たち大人は「善くなってほしい」と自らの文化的価値観に即してまなざすが、同時に、自らのまなざしが、期待として含みもつ「善さ」がいかなるものなのかを問い直す必要がある。「善さ」を探求する子どもの姿を既知のものとして捉え、自らの「説明」に納得している限り、子どもは「見え」ない。子どもの中に見ようとする「善さ」とは、子どもがポジティブな方向（佐伯はそれを「文化的価値」という）に向けて変容しようとする、あるいは変容しつつあるベクトルとしか形容できないものであり、そのベクトルは静的な状態ではない以上、安易な「解釈」を受け付けない。子どもの「善さ」とは、そのような運動なのであり、運動である以上未定であり、未達の潜勢態である。未知のものとして、わからなさを含んでいるからこそ、私たちは子どもを「見る」のである。私たちが子どもを「見」たくなるゆえんのもの、子どもの未知性

を、佐伯は「善さ」と呼ぶのである。そして、子どもを「善さ」を実現しつつある主体として「見る」構えこそ、保育者に求められる倫理的態度なのである。

4．社会的実践としての「文化」の再定義

　前節までに見た通り、子どもは理解する対象ではなくて「見る」対象であり、子どもなりに「善さ」を追求する結果としての変容を、発達として見るようすることが、佐伯にとっての子どもを「見る」ことである。なぜ子どもは理解の対象ではないかといえば、（私たちと同様に）子どもは時々刻々「善くなろう」としており、「善さ」を追求するがゆえに、常に変容し続けているからであった。2節で述べた、子どもの心のなかに子どもの（不可解な）行動の原因を求めて「説明」し、それに納得する態度、子どもを観察して子どもの内面を解釈し、その解釈を固定化する態度においては、子どもの理解とは、〈内面の状態→外面の作用〉という影響関係を推察するだけの行為にすぎない。そのような態度によっては、大人は子どもの変容、「善くなろう」というポジティブな方向への（潜勢的な）動きは見落とされてしまう。既に述べたように、佐伯がいう子どもの「発達」は、「善くなろう」とする子どもを「善くなってほしい」という願いを込めて見る、相互的な関係性のことである。つまり、子ども（の内面）を「理解」しようとすることは、解釈者の枠組みに子どもを押し込め、子どもの「発達」の相互作用性、あるいは関係性を見失うことなのである。

子どもが「善くなろう」とし、子どもを「見る」人が子どもに「善くなってほしい」と願いを込めてまなざしを向けることの相互関係の下で生じるのが、佐伯のいう子どもの「発達」である。佐伯は、この「発達」（あるいは、「学び」）に関して、次のようなドーナッツ図式で捉えている。

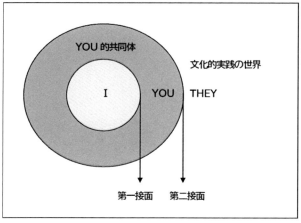

図2　佐伯による「学び」・「発達」のドーナッツ
（佐伯編 2007：21、佐伯 1995：66）

　佐伯は、『「学ぶ」ということの意味』（1995年）で提示した「学びのドーナッツ」を、『共感：育ち合う保育のなかで』（2007年）において「発達のドーナッツ」として再提示している。『「学ぶ」ということの意味』において「人はつねに、他者とともに学ぶ存在である」ことを図示した「学びのドーナッツ」と同様に（佐伯 1995：44）、「発達のドーナッツ」は、「I（自己）が発達していくとき、YOU的関わりを持ってくれる他者との出会いが不可欠」であるこ

第3章　佐伯胖の保育者論　　101

とを表現したものである（佐伯編 2007：21）。図２の第一
接面（ＩとYOUとが関わる局面のこと）において「Ｉ」に
関わる YOU 的他者というのは「その人［「Ｉ」にあたる私］
の身になってくれる人、その人のことを親しく思ってくれ
る人のこと、その人の意図を理解してくれる人で、基本的
には母親のように親しく関わって世話をしてくれる人」を
指す。

　ただし、この YOU との関わりだけでは、人は発達でき
ない。YOU は第一接面でＩに関わる一方で、第二接面に
おいて「文化的実践の世界」（＝THEY）に関わっている。
THEY にあたる「文化的実践の世界」（THEY 世界）とは
「現実世界で文化の生成と発展に関わっている世界」であ
る。ここで佐伯が、文化を「実践」を伴うものとして把握
していることには注意しておきたい。「実践」の主体は、当
然のことながら他者としての人間である。佐伯によれば、
「Ｉは YOU を媒介にして、THEY 世界をかいま見るという
ことで発達していく」（佐伯編 2007：21）。つまり、佐伯の
いう「発達」（あるいは、学び）は、「YOU」的他者を介し
て「Ｉ」たる私が「文化的実践の世界」（THEY 世界）をか
いま見る、つまり、YOU を通して間接的に接することに
よって成し遂げられていくのである。そして、「文化的実践
の世界」へと惹きつけられ、Ｉがそこに参加したいという
意欲を掻き立てられることによって「発達」は進んでいく
とされているのである。

　それでは、発達の端緒である文化的実践の世界（THEY 世
界）を「かいま見る」とは、どういうことなのか。この点に

ついて、佐伯は以下のように述べている（佐伯編 2007：23）。

　　THEY 世界というのは、いわゆる社会・文化的な実
　践の場であり、それは YOU との関わりを通してかい
　ま見られるということがなければはじまらない。その
　「かいま見られる」というのは、文化の「良さ」への予
　感であり、YOU への共感から生まれます。［中略］子
　どもが社会の文化的価値に直接触れて、いきなりそれ
　を深く「鑑賞」できるわけではありません。むしろ、
　「よくわからない」けれども、自分が親しみ尊敬して
　いる人が、自分ではつまらないものと思えるようなも
　の（たとえば古い壺）に感心して「すごいな」といっ
　ているのを見ると、自分も「ひょっとして、これすご
　いのかもしれない」と思い、その「良さ」がわかるよ
　うになりたいと願う。

　この引用からも窺えるが、佐伯のいう「文化」というの
は「善きもの」として追求されるものである。佐伯のいう
「発達」、すなわち、子どもが「善くなろう」とし、子ども
を「見る」人が子どもに「善くなってほしい」と願いを込
めてまなざしを向けるという相互関係の下で生じる「発達」
とは、子どもが「文化」の「善さ」を感知して、それに参
加したい、実践的に関わりたいという意欲を掻き立てるこ
とによって起こる。子ども（I）に「善くなってほしい」と
いう願いを込めて共感的にまなざしを向ける YOU 的他者
を介し、「文化的実践の世界（THEY 世界）」へ接近し、文

第 3 章　佐伯胖の保育者論　　103

化的実践（それは同時に社会的実践でもある）への参与の仕方を深めていくことこそが、ここで言われる「発達」なのである。

　図2に示した、佐伯の発達・学びのドーナッツ図式の「文化的実践の世界」で言われる「文化」の背景には、認知心理学者マイケル・トマセロによる「文化的学習（cultural learning）」の概念がある。佐伯によれば、トマセロのいう「文化的学習」とは「文化の成員のひとりないしグループが、これまでよりも『よい』もの（文化的産物）をつくり出したり、それらをこれまでよりも『よく』利用する方法を見いだした場合に、その産物の生産・利用の技能が、急速に同世代間、さらには次世代に伝播されるということと、ひとたびそのように広がると、もはやもとへは戻らないという、人間社会に特有の、文化的実践を生み出す学習」だとされる（佐伯 1995：86f.）。つまり、佐伯にとってトマセロにおける「文化」は善きものなのであり、それは世代を超えて、社会に共有されうる実践的形態を持つ営みなのである。他者との間で、社会的・共同的実践として展開される文化は、他者と共に「善さ」を共有しようとする、人間の特質に由来するものであるという見解を、佐伯はトマセロから得た。佐伯は、トマセロが「類人猿からヒトになったのは、ヒトが『文化』を創りだしたことによるとし、その『文化を創り出す』ことができるようになったのは、ヒトが他者の意図を理解し、さらにその意図を他者と共有するようになったことによる」と述べているとし（佐伯編 2007：12）、他者の意図を共有することから文化の創出がなされた

とするトマセロの考えと、文化的実践世界への参入を YOU
的他者との共感的な関わりに見いだす佐伯自身の考えとの
共通性を指摘している（佐伯編 2007：17）。

　佐伯が「善さ」の論拠としている村井実は、前出の『「善
さ」の構造』において、「善さ」を追求する人間の特性につ
いて述べる中で、人間がつくった「文化」が「善き」もの
であるのは、「善さ」の共有の結果として、文化が創出され
るからであると述べている。すなわち、「人間は、［中略］
『善さ』というものにあこがれ、それをどこまでも追求して
生きるという特性を持たざるをえないのであり、他方では、
その『善さ』を日常生活の中でふだんに決定しながら、そ
の決定の行動を通して、『善い』とされえたもの ——「善
いもの」——、つまり共通の行動様式や生活習慣、学問、
芸術などの文化を作り出していく特性をもつに至っている
と考えられる」（村井 1988：310）。ここで村井は、「善い」
と人間が判断する機制について、「相互性」（自分だけでは
なく他者にも当てはまるかどうか）、「無矛盾性」（論理的
な一貫性が担保されているかどうか）、「効用性」（最大限
の効用を生むものであるかどうか）、「美」（「相互性」・「無
矛盾性」・「効用性」の三つがすべて充たされているかどう
か）の四つの基準を頂点とする「三角錐の形をとる立体的
な構造モデル」を提示している（村井 1988：312-316）。そ
して村井は、「善さ」を追求する人間が作り出した「文化」
について、上記の四基準に照らして「善い」と判断された
ものが積み重なり、出来上がったものだとしている。

第 3 章　佐伯胖の保育者論　　105

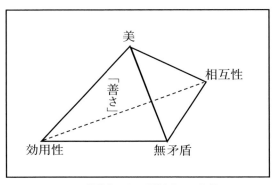

図3　村井実による「善さ」の三角錐
（村井 1988：316）

　村井のいう「善さ」の構造の四つの要素は、他者との共同的な文化を構築するうえでも必須のものであろう。例えば、村井の「善さ」の判断基準の四つの頂点の一つである「相互性」の要求とは、「どういう対象についてであれ、私たちがその対象と私自身との関係だけでなく、同時にその対象と他者との関係を考慮しないではおれない」ことを要求するものであるが、「Xは善い」という判断をする場合、それは私だけではなく、AさんにとってもBさんにとっても「Xは善い」という判断が成り立つものでなければならないということを意味している。つまり、「善い」という判断そのものが成立することのなかに、既に（「Xは善い」という文化を共有した）自分以外の誰か別の他者が存在しなければならないのである。文化的価値が「善い」とされるのは、「善さ」の構造のうち、この「相互性」の要求との関連しているように思われる。「文化」が有する、他者との

共同性、社会性を損なわないためには、「無矛盾性」（理解可能なものであるか）、「効用性」（役に立つものであるか、無益なものでないか）が重要であることは論ずるまでもないだろう。つまり、文化的価値の「善さ」が、「相互」的なもの、つまり他者と共有可能なものだとされるのは、佐伯が村井から継承した前提なのである。

　以上見てきたように、トマセロと村井に共通しているのは、「文化」は、「善さ」を追求する人間が共同的に形成したものであり、それゆえに「善い」と人間同士が判断しあえるものだという点である。そして、共同的な「善さ」の追求としての文化的実践という概念を、佐伯はこの両者から触発されつつ構築したのである。佐伯によれば、「善くなろう」とする子ども（I）は、「善くなってほしい」という願いを込めて子どもを「見る」人（YOU：共感的他者）を介することで、「善くなろう」としてきた人々の積み重なりである文化的実践の世界（THEY）へと徐々に参入していく。文化的実践の世界（THEY）に参入することが「善くなる」ことであるのは、「善さ」を追求した人々によってつくられているものが「文化」であり、それを自らのものとして獲得していく過程だからである。つまり、佐伯のいう「発達」とは、「善さ」の集積ともいえる「文化」に即しながら子どもが「善くなろう」とすることであり、それは「善くなってほしい」と願いながら子どもを「見る」共感的他者（YOU）を媒介にして、「文化」として積み上げられてきた、先人を含む他者の共同的な実践の営み（「善さ」の追求）の意味をわかろうとすることである。言うまでも

ないことだが、YOU的他者も、THEY的他者も、「文化」を共有している。その「文化」の、新参の実践者として参加しようとする行為こそが、子どもが「善くなろう」とすることである。YOU的他者としての大人が子どもを「見る」ことは、子どもが「善くなろう」とすることと、子どもに「善くなってほしい」と願うこととをつなげるのであり、文化として積み上げられた「善さ」を念頭に置きながらも、子どもなりの「善さ」の追求に寄り添うことなのである。子どもを「見る」こととは、子どもの中に潜む「文化」への強烈なドライブを感知しようとする、大人の願いでもあり、祈りのごとき営みのように思われてくる。

５．子どもを「見る」ことの共同化へ：
　映像を介した保育カンファレンス論

　近年の佐伯は、映像による記録観察ツール「CAVScene」の開発に関わり、それによって作成された保育実践のビデオ記録を用いた、保育者同士のカンファレンスにおける対話のあり方を検討している。これは、佐伯が理念的に示した子どもを「見る」ための態度を、保育者が実践的かつ協同的に涵養するための方法論の模索だと言える。

　佐伯によれば、保育実践のビデオ記録が残すものは、記録者にとって重要だ、「おもしろい」と感じられる保育実践の場面や出来事である。記録観察ツール「CAVScene」の特徴は、第一に、従来のビデオと異なり、記録者が重要だと思う場面を登録できる「記録化」という機能がありつつも、撮影としてはそれ以外の部分を通しで残しておく「背

景録画」の機能が備えられていること、第二にリアルタイムで記録しながら記録者にとって重要な場面を画面左側にサムネイル（小さな静止画）として登録できることである（佐伯・刑部・苅宿 2018：72）。この第二の特徴によって、記録者ではなくても、ビデオ・カンファレンスの際に見直したい場面を簡単に選択し、その場面を全体に共有できるようになっているという（佐伯・刑部・苅宿 2018：72）。

　ビデオ記録の記録者にとって「おもしろい」場面、重要と思う場面というのは、子どもが見せる予想外の行為・言動と考えられる。というのは、佐伯が「CAVScene」は、実践を「多義創発的にみる」ことを可能にするためのツールだとしており、ここでの「多義創発」というのは、単に、その実践が行われた時点で多様な意味をもっていたということを意味するに留まらず、カンファレンスにおける対話の最中に、同時多発的に「多様な解釈が創発される」という意味である。解釈の「創発」は、発見と驚きを伴って生じるとされている。佐伯は「CAVScene」を使いこなすためには、「『おもしろさ』を見逃さず、驚けるという度量がなければならない」と述べているが、これは、実践の中の出来事すべてに驚くということではなく、何があっても驚かないと同時に些細なことにも驚けるというような度量をもって実践に向かい合う態度を指している（佐伯・刑部・苅宿 2018：174）。つまり、「驚かない」ことがいわば「地」となることにより、「図」としての「驚き」が生じてくるということである。

　「驚き」の瞬間は、保育者から見て、子どもの「よさ」が

見出された瞬間である（佐伯・刑部・苅宿 2018：32ff.)。ここでの「よさ」は、予め決まった基準に即して判断されるような性質のものではない。佐伯は、「発達」を「よくなってほしい」という期待を込めて子どもを見る大人と、そのようなまなざしを感じ取りつつ、それを子どもが自分なりに捉えなおし「よくなろう」と応えようとすることだと考えているが、ここでの「よさ」は大人にとっても子どもにとっても「究極的には永遠に未知である」としていた（佐伯 2014：160)。つまり、「よさ」は、現在においては常に定義不可能であるが、「よくなろう」という未来へ向けたモメンタムとして感知されるものなのであった。佐伯における保育は、保育者が「よくなってほしい」という願いを持ちながら具体的に働きかける意図的な行為だとされるが、ここでの「よい」という基準は、保育者個人の信念というより、社会・文化的に構成されたものであり、実践を通じて子どもが見せる姿から「よさ」は常に問い直しを迫られるものだからである。従って、子どもの「よさ」というのは、保育実践の中で子どもが見せる具体的な行為・言動のなかで、保育者の予想とは異なる姿として現れる、子どもの「よくなろう」とする志向性のことである。

　記録様式としてビデオが採用されているのは、保育者が子どもの「よさ」を見出すための素材として、文字記録よりも多様な視点から見られるという点で優れているからであろう。佐伯は「書き言葉」について客観的に事実のみを書くように求められることを指摘している（佐伯・大島 2019：4)。このことは、文字記録は、子どもの「よさ」という保

育者が見出す、子どもの志向性を保育者なりに探り、捉えるのには不向きだと考えていることを意味している。それゆえ、佐伯はビデオを記録様式として採用した。ビデオ記録として残された映像そのものは、確かに記録者の視点から保育実践を映しているものに違いないが、ビデオ記録の視聴者が映像のどこに照準を合わせるかによって、多様な解釈が可能になるような性質のものだからである。

　佐伯が提案するビデオ・カンファレンスでは、複数の保育者が、ビデオ記録の作成者と共にビデオ記録を視聴し、記録された保育実践についての自分なりの解釈を自由闊達に述べあう。ビデオ記録の視聴者は、記録者が残した映像を基にしながら、記録者とは別様の解釈を創出する存在である。佐伯は、多様な解釈がビデオ・カンファレンスの場において産出されていく様子を、「多義創発的」だとしている。既に見たように、佐伯にとっての「多義創発的」というのは、多様な解釈が続々と創発され続けうるということであって、それは発見と驚きを伴って生まれるものだとされていた（佐伯・刑部・苅宿 2018：174）。佐伯が期待しているのは、同じ映像を見ながら、カンファレンスの参加者が対等に、「自分にはこの実践がこのように見えた」という自分の保育に対する見方を即興的に語り出していくことであり、そのような語りの中で各人が示す保育の見方の多元性によって、当該の保育実践が持つ意味の豊かさが確認され、そのことに「発見」と「驚き」が生じることである。

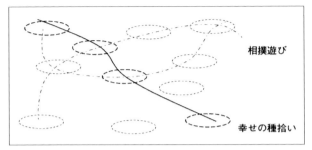

図4　出来事の拾いかたで「エピソード」は変わる
（佐伯・刑部・苅宿 2018：120）

　ビデオ記録の視聴者である同僚保育者または参与観察者は、同じ映像を視聴しながら、記録者（ビデオの撮影者）が捉えた子どもなりの体験の連続性とは別様の連続性を見出して、実践の意味を、それぞれ自身の視点から示し、語り合う存在である。図4は、そのカンファレンスの結果生じた、出来事のシークエンスとしての「エピソード」の意味づけが多元的に可能である様を示したものである（佐伯・刑部・苅宿 2018：120）。同じ映像（シーン）であっても、どのシーンと関連づけるかによって見出される意味が変わっていることが「相撲遊び」の線と「幸せの種拾い」の線と交錯している点から示唆される。つまり、一つの「出来事」の意味は、それ単体では確定されえず、他の出来事との連結によって「エピソード」として編み上げられることで、意味がいわば事後的に生成されてくる。佐伯にとってのカンファレンスにおいて、個々の視聴者がつなげうるエピソードという、複数の「出来事」の間に結ばれる線（意味のシークエンス）の多様性を担保することは、複数の視

聴者による多様な解釈の創発の場である時に初めて可能になる。つまり、ある「出来事」の意味を、事前に解釈として確定してしまっていたら、カンファレンスにおいては、その意味解釈の妥当性を議論することしかできない。それに対し、あえてビデオという、記録当事者による事前の解釈を抑制した素材を採用することによって、複数の視聴者の間に、ライブ的な解釈が、いわば同時多発的に発生しやすくなるとされているのである。

ビデオ記録の視聴者は、記録者（撮影者）に対して共感的であることは求められない。そのかわり、場面として切り出される映像に見られる体験の連関を再構成し、その場で生じていた子どもをめぐる出来事の解釈を多義的・多発的に創出するのである。ビデオ記録の視聴者と記録者とは、子どもの「よさ」を見ようとする姿勢を共有しているため、各人の視点から見た子どもの「よさ」の多義性が示されるのである。

ビデオ・カンファレンスの場では、記録者は、視聴者に対して、自分が対象である保育実践をどのように見ようとしたのか、それを表現し、伝えようと試みることになる。佐伯は、ビデオ撮影に際して「自分自身で何を映そうか考えたうえで映そうとする」とし、そのような内省的思考を「自己内対話」と呼んでいる（佐伯・刑部・苅宿 2018：153）。ビデオを撮るとき、記録者にとって何をどう撮ろうと考えたかがビデオの映像として提示されるのであり、さらにいえば、それは保育実践のどこに着目し、どう見ようとしたのかを改めて記録者自身に考えさせるのである。こ

の事態について佐伯は、「ビデオを使うということは、自分を表すことであり、自分がどのように世界を見るかということの『セルフ・リフレクション』であり、そのこと自身を問い返すツール」だと述べている。さらに佐伯は、ビデオ・カンファレンスにおいて、記録者がビデオを他者に見せることの意味を、記録者がセルフ・リフレクションし（自分が保育をどう見ようとしたかを考え）、それを他者に訴えること、コミュニケーションを試みようとすることに見出している。つまり、視聴者がビデオとなった映像を見るということは、記録者の保育をどう見ようとしたか、何を捉えようとしたのかについての「語り」を聞き取ろうとすることなのである。そして、そのような態度は、子どもの「よくなろう」とする姿を捉える視点を多元化するための対話を触発していくはずなのである。

—— 第3章の文献 ——

阿部学（2012）「「学びのドーナッツ論」は実践に活かされたか：理論と実践との乖離に関する一考察」千葉大学教育学部授業実践開発研究室『授業実践開発研究』5

子ども保育総合研究所編（2013）『子どもを「人間としてみる」ということ』ミネルヴァ書房

佐伯胖（1995）『「学ぶ」ということの意味』岩波書店

佐伯胖編著（2007）『共感：育ち合う保育のなかで』ミネルヴァ書房

佐伯胖（2014）『幼児教育へのいざない：円熟した保育者になるために』（増補改訂版）、東京大学出版会

佐伯胖編（2017）『「子どもがケアする世界」をケアする：保育における「二人称的アプローチ」入門』ミネルヴァ書房

佐伯胖編著（2023）『子どもの遊びを考える：「いいこと思いついた！」から見えてくること』北大路書房

佐伯胖・大島崇行（2019）「実践のリフレクションとは何か：見直しによる感じることの復権」ネットワーク編集委員会編『リフレクション大全』（授業づくりネットワーク No.31［通巻339号]）、学事出版

佐伯胖・刑部育子・苅宿俊文（2018）『ビデオによるリフレクション入門：実践の多義創発性を拓く』東京大学出版会

白石昌子（2015）「幼児の和太鼓へのかかわり方に関する一考察：佐伯胖の「ドーナツ論」を手がかりに」『福島大学総合教育研究センター紀要』19

須永美紀（2013）「人との相互的関わりと子どもの発達」新保育士養成講座編纂委員会『保育の心理学』（改訂1版、新保育士養成講座第6巻）、全国社会福祉協議会

トマセロ（2006）『心とことばの起源を探る：文化と認知』（シリーズ認知と文化4）、勁草書房。

村井実（1988）『ソクラテスの思想と教育：「善さ」の構造』（村井実著作集3）、小学館

文部科学省（2018）『幼稚園教育要領解説』フレーベル館

文部科学省（2019）『幼児理解に基づいた評価』チャイルド本社

レディ（2015）『驚くべき乳幼児の心の世界：「二人称的アプローチ」から見えてくること』佐伯胖訳、ミネルヴァ書房

ロゴフ（2006）『文化的営みとしての発達：個人、世代、コミュニティ』當眞千賀子訳、新曜社

初出一覧

序　論　書き下ろし

第1章　安部高太朗・吉田直哉「小川−佐伯論争から考
　　　　える保育の計画における「予測」の意味」『子ど
　　　　も学』9、2021年

第2章　安部高太朗・吉田直哉「小川博久の保育方法論
　　　　における非−援助論」『敬心・研究ジャーナル』
　　　　4（2）、2020年

第3章　安部高太朗・吉田直哉「佐伯胖のいう子どもを
　　　　「見る」こと」『敬心・研究ジャーナル』4（1）、
　　　　2020年

　　　　安部高太朗・吉田直哉「鯨岡峻・大宮勇雄・佐
　　　　伯胖にとって保育記録の〈読者〉とは誰か」郡山
　　　　女子大学『紀要』59、2023年

結　論　書き下ろし

結　論

　本書が検討してきたように、小川と佐伯の念頭には、保育
者の専門性としての視線・視点のあり方に関する思考がつ
ねにあった。小川にとっての子どもへの視線というのは、
子どもの興味・関心、意欲の志向性を見ぬく目であり、同
時にその志向性に、自らの志向性を同調させているかのよ
うに子どもに実感させる目であった。小川にとっての「目」
は、過去からそして現在への子どもの志向性の遷移を見て
とろうとする視線であったと言える。それに対して、佐伯
にとっての子どもへの視線というのは、自らの予断を注意
深く自制しながら、子どもの現在から未来にかけての潜在
的な変容へのモメントを見てとろうとする目であった。そ
の視線によって見てとられることは、予断に絡め取られな
い子どもの予測不可能であった姿を捉えたことによる〈驚
き〉を励起し、それは保育者の子どもに対する姿勢に対す
る省察を促す。それは、現在の態度とは違った態度の取り
方があることを保育者に気づかせる。このように捉えると、
小川の「目」が過去から現在へという時間軸、佐伯の目が
現在から未来へという時間軸に、とりわけ焦点化している
ことが見えてくる。ただ、それは、小川と佐伯が全く別の
問題意識を抱いていたということを意味しない。

　小川と佐伯は共に、未来を基点として、そこから現在、
そして過去へと、時間を逆行させるようにして子どもを捉

118

える時間軸を据えることを拒否している。未来という基準点は、保育者の側にこそあれ、子どもの側にはない。保育者が設定した基準としての未来を、現在の子どもにいわば一方的に当てはめて、現在における行動を規定ないし統制しようとすることに、小川と佐伯は強い警戒感を示す。そのことは、「予想」あるいは「予測」の困難を認識する両者の姿勢に現れている。子どもに関する「予想」の困難は、保育実践の複雑性に由来する、いわば保育に本質的な特性である。小川は、困難な「予想」を、それでもなお構築することに保育者の専門性を見出すのであり、佐伯は、「予想」を困難かつ有害なものと捉えて、「予想」的まなざしを排して、徹底して現在から未来へという時間の流れの中で、子どもが見せる多様な現れの様相を、顕在化しなかった姿も含めて多面的に捉えようと努めることで、保育の複雑性に対応する構えを保育者が涵養していくことを望んだのである。

　子どもを捉える「目」が見据えようとする時間軸上の重点の違いは、両者の〈計画〉観、ひいては保育カリキュラムへの認識への違いを帰結させるかもしれない。ただ、両者の〈計画〉観の共通性を見おとすべきではない。第一に、両者ともに、「放任主義」を排している点が挙げられる。両者が、それぞれの保育者の専門性観を提示していることは、「放任主義」への批判の反映である。子どもに対する過剰な統制を排して（小川は、そしておそらく佐伯も、それをミシェル・フーコーの提起した規律訓練型権力の問題と認識していた）、かつ子どもの生じさせる動因を捉え、かつその

結　論　　119

発現・進展を援助しようというモチーフが、小川にも佐伯にも共有されていることは、本書において見てきた両者の所論からも明らかであろう。

　第二に、両者ともに、子どもの〈内面〉に遊びまたは育ちの動因を還元するという意味での「子ども中心主義」を排している点が挙げられる。小川も佐伯も、子どもの「外」に遊びや育ちの動因を見出そうとしていたと言えるのではないか。その「外」的動因とは、小川であれば、模倣の対象となるモデル的保育者の存在であり、周囲の他者と共有しあう、場のダイナミックかつリズミカルな空気感・雰囲気ともいうべき「ノリ」であった。「外」的動因とは、佐伯であれば、YOU的他者であり、THEY的世界の存在であり、その他者が共同体を構成しながら社会的・歴史的に継承しつつある文化的実践であった。このように整理すると、両者の〈外部〉への注目は、ほとんど軌を一にしているようにも思われる。というのも、小川・佐伯の両者ともに、保育方法論の関係論的再構築、社会構成主義的シフトを志向していたように思われるからである。小川のいう、熟達者に対する新参者のあこがれこそが遊びへの動機づけを生むとする「遊びの徒弟制」モデルの原型が、佐伯が翻訳し日本に普及させた、ジーン・レイヴとエチエンヌ・ウェンガーの提起する「正統的周辺参加」を中核とした「状況的学習（situated learning）」論であったという事実を考えるとき、この二人の間に響き合う共鳴の強さに、私たちは驚かされることはないであろう（レイヴ・ウェンガー『状況に埋め込まれた学習：正統的周辺参加』佐伯胖訳、産業図

書、1993 年）。

　小川は、あこがれ＝模倣のモデルとしての保育者を遊び援助の基点とする「遊びの徒弟制」の実践化から、晩年は、岩田遵子らとの共同研究を通して、保育者と子どもとの「ノリ」の共有と増幅の取り組みへと、方法論的関心の焦点を移動させていたように思われる（『小川博久 保育・教育理論集成』刊行委員会『小川博久保育・教育理論集成』ななみ書房、2023 年）。ただ、小川自身は 2019 年に病没したため、その後の理論展開は、彼の門弟たちに委ねられている。

　一方、2024 年現在も存命の佐伯は、近年、保育方法論上の新展開を見せている。佐伯は、遊ぶ子どもが「いいこと思いついた！」と叫びながら新たな契機に逢着し、遊びに新展開をもたらすとする矢野勇樹の実践研究を念頭におきながら、「そこで子どもたちが発揮しているのが、『想定していなかったこと』、『思ってもいなかったこと』が、『外側』（どこかわからないところ）から『やってくる』のを待っている」という「天然知能」のあり方と重なり合うと述べる（佐伯胖「「遊び心」としごと心」佐伯胖編著『子どもの遊びを考える：「いいこと思いついた！」から見えてくること』北大路書房、2023 年）。「いつ『降って湧いてくる』かはわからず、私たちはそれを『待つ』しかない」という偶発性・創発性へとまなざしが向けられていることは、〈外部〉への注目という佐伯のライトモチーフが、今日に至るまで強靱に息づいていることの証左だと思われる。

　さらにいえば、小川・佐伯両者ともに批判的なのは、現在の保育カリキュラムを捉える包括的枠組みとしての

結　論　　121

「PDCA サイクル」であろう。「予想」「計画」の困難を前提としながら、保育者の専門性を再構築しようと試みた両者にとって、経営学的、もっといえば工学的観点に立って「エラー」を減少させることのみを目的とする「PDCA サイクル」の安直な導入は、保育実践の実態に対する無理解ゆえの愚策とうつったことであろう。保育実践は、「計画が終わったら実践し、実践が終わったら評価して、評価を踏まえて改善策を考える」などというように、ステージの一つ一つがそれぞれ終結して、その間にポーズを入れ、次の段階に進んでいくというような、連結的なプロセスなのではない。保育実践は、P、D、C、A が同時に渾然一体となって重層化し絡み合う〈織物〉ともいうべき複合的かつ力動的過程である。小川も、佐伯も、「PDCA サイクル」の中では単に「D」という一段階としてしか表記されていない部分において、保育者がどれほどの専門性を、同時進行的、かつ複合的に発揮して、複雑に変化する事態に対応しているかという実態にこそ、注目していたのである。「PDCA サイクル」は、実践そのものをブラックボックス化してしまう。事前に作った「計画」と、事後になされる「評価」の比較・対照によって確定される「ズレ」のあり方をもたらした何ものかが「実践」だとされるのだが、そこで「ズレ」をもたらしたと「評価」されているのは子どもなのか、それとも保育者なのか。さらにいえば、そこで「ズレ」が生じたとか、生じなかったという「評価」を下すことは、子どもにとって、保育者にとって、どのような意味があるのか。こういった問いは、「PDCA サイクル」を形式的に導

入している保育者にも、それを無批判に受容している研究者にも、決して発せられることはないであろう。

　小川や佐伯は、まさに、「PDCAサイクル」が不可視化し、隠蔽してしまうような実践の複雑性と、それへの即応的構えとしての保育者の専門性を、何とか言語化しようと努めていたと言えるのではないか。彼らの努力は、実践の〈中〉を見ようとする視座を確立しようとするものであり、それは当然、保育実践を、そして子どもと保育者の育ちを関係論的に位置づけ直そうとする姿勢の表れであったということもできるように思われる。小川と佐伯は、実践の〈中〉を見るためには、実践の〈外〉へのまなざしを同時に保っておかなければならないという、複合的かつ多元的なポジションに保育者を位置づけようとしていた。それゆえ、保育者のポジションを、保育者の（間）主観的地平という場の〈中〉に還元してしまうことは、保育者の専門性の拡散につながると見たであろう。

　個体的能力観、「PDCAサイクル」というような、近代主義的パラダイムが未だ批判され尽くさず、支配的言説として流布している保育学の現状を顧みるとき、今こそ小川・佐伯論争のアクチュアリティを再考し、再興させたいという思いに駆られるのは、決して著者だけではないはずである。そのような、希望的な予測を開示しつつ、この小著を閉じようと思う。

吉田直哉

結論　123

謝　辞

　共著者である吉田・安部の共同研究は、保育者の省察、省察を支える保育記録のあり方をテーマとして進められてきた。その端緒は、2019年12月、山形市で開催された日本乳幼児教育学会大会における「佐伯胖の保育者論における子どもを「見る」こと」と題した研究発表であった。それに先立って、同年3月、吉田は、東京で開催された汐見稔幸氏の退職記念パーティにおいて、佐伯氏本人の面識を得ていた。

　吉田・安部の両名は、2019年3月に仙台市で開催された日本保育者養成教育学会の大会で、小川博久氏と対面している。その際、小川氏から直接頂いた研究上の激励の言葉は忘れがたいものである。そのわずか半年後、小川氏の突然の訃報に接することになった。本書に対して、小川氏から直接批評をいただけないのは痛恨のきわみである。本書を小川氏に捧げたいと思う。

　小川氏の著作からの図の転載に関しては、令室小川清美氏ならびに萌文書林から許諾をいただいた。小川清美氏からは、吉田に対して小川博久氏の遺著をご恵贈いただいている。温かい応援の言葉と共に頂いた遺著は、研究遂行上の心の支えとなった。記して感謝申し上げたい。

　最後に、本書が成る契機を与えてくれた鈴木康弘氏について申し添えたい。鈴木氏は、2018年の時点で小川・佐伯

論争の意義に着目され、その検討の必要性をしばしば強調されていた。本書につながる小川・佐伯に関する検討の直接的な発端は、鈴木氏による教示である。2020年8月、慣れないオンラインでの発表ではあったが、「小川－佐伯論争における保育計画をめぐる相克：保育実践における保育者の予測の成立要件に着目して」と題して、日本教育学会大会にて、鈴木氏と、吉田・安部三者の共同発表がなされている。実に5年の熟成期間を経て本書が成ったわけだが、その糸口を与えてくださった鈴木氏に、改めて感謝を述べ伝えたいと思う。

2024年6月20日
安部高太朗

著者略歴

吉田 直哉　よしだ・なおや

1985年静岡県藤枝市生まれ。2008年東京大学教育学部卒業。同大学院教育学研究科博士課程等を経て、2022年より大阪公立大学准教授（大学院現代システム科学研究科・現代システム科学域教育福祉学類）。博士（教育学）。専攻は教育人間学、保育学。著書に『「伝えあい保育」の人間学：戦後日本における集団主義保育理論の形成と展開』（単著、ふくろう出版、2021年）、『平成期日本の「子ども中心主義」保育学：1989年幼稚園教育要領という座標系』（単著、ふくろう出版、2022年）、『〈子ども〉というコスモロジー：ポストモダン日本における問題圏』（単著、ふくろう出版、2023年）などがある。

yoshidanaoya@omu.ac.jp

安部 高太朗　あべ・こうたろう

1989年山形県米沢市生まれ。2012年山形大学地域教育文化学部卒業。東京大学大学院教育学研究科博士課程等を経て、2019年より郡山女子大学短期大学部専任講師（幼児教育学科）。専攻は教育学。著書に『大正新教育の思想：生命の躍動』（共著、東信堂、2015年）などがある。

k-abe@koriyama-kgc.ac.jp

保育は〈計画〉できるのか 「小川博久・佐伯胖論争」再読

2024年9月18日　初版発行

著　者　吉田　直哉
　　　　安部高太朗

発行所　学術研究出版
　　　　〒670-0933　兵庫県姫路市平野町62
　　　　［販売］Tel.079(280)2727　Fax.079(244)1482
　　　　［制作］Tel.079(222)5372
　　　　https://arpub.jp
印刷所　小野高速印刷株式会社
　　　　©Naoya Yoshida, Kotaro Abe 2024, Printed in Japan
　　　　ISBN978-4-911008-75-1

乱丁本・落丁本は送料小社負担でお取り換えいたします。

本書のコピー、スキャン、デジタル化等の無断複製は著作権法上での例外を除き禁じられて
います。本書を代行業者等の第三者に依頼してスキャンやデジタル化することは、たとえ個人
や家庭内の利用でも一切認められておりません。